JN174164

WTO・FTA法入門［第2版］
グローバル経済のルールを学ぶ

小林友彦

飯野　文

小寺智史

福永有夏

著

法律文化社

第2版はしがき

　2020年は，貿易戦争，経済連携・投資紛争といった国際経済法に関わるさまざまな側面において，波乱の幕開けとなった。

　まず，国別の動向としては，2017年に発足した米国トランプ政権が保護主義的な通商措置を多用していることや，英国が欧州連合（EU）から離脱したことや，中国が一帯一路（BRI）政策を推し進めていること等が挙げられる。これらをどのように法的に評価できるかに関心を持った方も多いのではないだろうか。また，地域的な動向としては，米国による環太平洋パートナーシップ（TPP）離脱後に成立したミニTPP（TPP11ないしTPP協定）や，日本とEUの間で合意した経済連携協定（EPA），そして自由貿易協定（FTA）に該当するか否かについて議論のある日米貿易協定が，いずれも発効した。これらが，特に日本経済にどのような影響を及ぼすのかについても，注目が集まっている。さらに，世界的な動向としては，WTO紛争処理手続の機能不全が2019年12月に現実のものとなった。これはWTO体制全体について，深刻な懸念事項となっている。

　こうした動向の多くについては，関連する国際ルールの限界や課題を露呈するものだと受け止められることが多い。だからといって既存の国際ルールが全て無意味だというわけではない。なぜなら，既存の国際ルールに全く規定が無いためどうしようもないという場合は多くないからである。主要な法的紛争の多くは，国際ルールにおける基本原則が，種々の例外規則によってどのように制約されるかが争われているのである。それゆえ，そもそも国際ルールの基本原則が何であるか，そしてどのような例外規則があり，どのように運用されているかについて，バランスよく理解することがますます重要になるといってよい。

　第2版でも，このような観点からアップデートを行った。引き続き，舟木さんの多大なご労苦に感謝申し上げる。

2020年1月　　　　　　　　　　　　　執筆者を代表して

　　小 林 友 彦

初版はしがき

　本書は，グローバル経済のルールについての入門書である。自由貿易に関連するルールの原則と例外を対置したり，全世界的なルールである世界貿易機関（WTO）と部分的なルールである自由貿易協定（FTA）を対置したりすることで，めりはりのある構成とした。書名を「国際経済法入門」などとしなかったのは，このような理由からである。その一方で，貿易分野だけでなく，投資の保護や知的財産権の保護，環境の保護や持続可能な開発といった隣接分野の問題についても，初学者を混乱させないよう配慮しながら目配りした。

　どのように呼ぶかはさておき，本書が対象としたのは，新しく，動きのある法分野である。そして，多くの人の生活や職業に関係するという意味で，実務的にも大きな関心を呼ぶ法分野の1つである。たとえば環太平洋パートナーシップ（TPP）をめぐる報道が注目を集めたのも，それが農業，工業，サービス業の全般に大きな影響を及ぼしうるからであろう。こうした重要性を反映して，専門的な論点を扱う研究書だけでなく，概説書や教科書も，すでに数多く刊行されている。

　ただし，これまでの概説書・教科書は，法学部の3〜4年生や大学院生を読者として想定した，大部かつ詳細なものが多い。そのため，法学部以外の学部の学生や社会人，また法学部生であっても1〜2年生の学生にとっては敷居が高く，よほど真剣に勉強しようという気がない限り，その全体像を簡潔に把握するのは容易ではなかった。そこで本書は，法学を学んだことがなくとも理解できるような入門的な教科書を目指した。全ての論点を網羅することは諦め，その代わりに基礎的な事項を丁寧に解説することに努めた。

　4人の共著者は，問題意識も研究方法も異なるが，国際経済法に対する理解を広めるためには，より読みやすい入門書が必要であるという考えで一致した。共著という性格上，文体の不一致や，完全に明確ではない部分があるかもしれない。逆に，単著とは異なり，共著であるがゆえに多様な視点を反映でき

たようにも思われる。その評価は読者に委ねるが，本書を通読した後に，さらに詳しく調べたいと思ったり，より専門的な研究成果に触れたいと思ったりしてもらえたならば，本書の目的は達成できたことになる。

　最後に謝辞を述べたい。出版事情が大変に厳しい今日，法律文化社の舟木さんの温かいご支援がなければ本書の刊行はありえなかった。執筆者間の議論が熱くなって作業が滞ったときでも，常に冷静に励まし続けてくれた。あらためて謝意を表したい。また，入門書という性質上，巻末の限られた参考文献を除いて先行研究を示していない。しかし，本書はいうまでもなく，日本，そして世界の国際経済法研究の豊かな土台のうえに成り立っている。全ての研究者に御礼申し上げる。

　　2015年10月

執筆者を代表して

小 林 友 彦

目　　次

┌─────【COLUMN】──────────────────────┐

└────────────────────────────────────┘

日印 EPA	Comprehensive Economic Partnership Agreement between Japan and the Republic of India	日インド包括的経済連携協定
日欧 EPA	Agreement between the European Union and Japan for an Economic Partnership	日 EU 経済連携協定
ACP	Africa, Caribbean, and Pacific	アフリカ・カリブ海・太平洋
APEC	Asia Pacific Economic Cooperation	アジア太平洋経済協力
ASEAN	Association of South-East Asian Nations	東南アジア諸国連合
BIT	bilateral investment treaty	二国間投資協定
BRICS	Brazil, Russia, India, China and South Africa	ブラジル・ロシア・インド・中国・南アフリカ
CETA	Comprehensive Economic and Trade Agreement between Canada and the European Union	カナダ EU FTA
DSB	Dispute Settlement Body	紛争解決機関
EC	European Communities	欧州共同体（後に EU へと改組）
EPA	economic partnership agreement	経済連携協定
EU	European Union	欧州連合
FTA	free trade area, free trade agreement	自由貿易地域＝自由貿易協定
FTAA	Free Trade Area of the Americas	米州自由貿易地域
FTAAP	Free Trade Area of the Asia-Pacific	アジア太平洋自由貿易圏
GATS	General Agreement on Trade in Services	サービス貿易に関する一般協定
GATT	General Agreement on Tariffs and Trade	関税および貿易に関する一般協定（ガット）
GCC	Gulf Cooperation Council	湾岸協力理事会
GDP	gross domestic product	国内総生産
GSP	Generalized System of Preferences	一般特恵制度
IMF	International Monetary Fund	国際通貨基金

ISDS	investor-state dispute settlement	外国投資家と投資受入国の間の紛争処理手続
ITA	Information Technology Agreement	情報技術協定
ITO	International Trade Organization	国際貿易機構
LDC	least developed country	後発開発途上国
MDGs	Millennium Development Goals	ミレニアム開発目標
NAFTA	North American Free Trade Agreement	北米自由貿易協定
PPM	process and production method	生産工程・生産方法
RCEP	Regional Comprehensive Economic Partnership	東アジア地域包括的経済連携
RTA	regional trade agreement	地域貿易協定 = FTA および関税同盟（中間協定も含む）
S&D	special and differential treatment	特別かつ異なる待遇
SDGs	Sustainable Development Goals	持続可能な開発目標
SPS	sanitary and phytosanitary measures	衛生植物検疫措置
SSM	special safeguard mechanism	特別セーフガード措置
TBT	technical barriers to trade	貿易の技術的障害
TPP	Trans-Pacific Partnership	環太平洋パートナーシップ
TPP11	Comprehensive and Progressive Agreement for Trans-Pacific Partnership	環太平洋パートナーシップに関する包括的及び先進的な協定（正式名所は「CPTPP」であるが、本書では「TPP11」もしくは「TPP協定」と略記する）
TRIMs	Trade-Related Investment Measures	貿易関連投資措置
TRIPS	Trade-Related Aspects of Intellectual Property Rights	貿易関連知的財産権
UNCTAD	United Nations Conference on Trade and Development	国連貿易開発会議
USMCA	Agreement between the United States of America, the United Mexican States, and Canada	米国・メキシコ・カナダ協定
WTO	World Trade Organization	世界貿易機関

第Ⅰ部
グローバル経済体制の基礎

第 1 章

総　　論

〈学習のポイント〉
・グローバル化する経済にルールはあるのか。
・「貿易」や「投資」は私たちの生活にどのような影響を及ぼすのか。
・WTO や FTA について勉強することが何の役に立つのか。

1　グローバル経済のルールを学ぶことの意義と射程

(1)　いまそこにある危機

　1990年代から広く知られるようになったいわゆる「グローバル化」は，2020年代に入っても，さまざまな側面で我々の生活に大きな影響を与えている。とりわけ経済面では，農業から製造業，サービス業にいたるまで，幅広い範囲の企業活動や消費者行動に影響を及ぼしてきた。さらに，それぞれの国の産業構造にも変容を迫ってきた。そのため，社会人としても市民としても，経済のグローバル化の影響を避けることはできない。

　しかも，世界貿易体制は大きな変化に直面している。2017年1月にトランプ政権が成立して以降，米国はFTA（経済連携協定（EPA）を含む）政策を大きく転換させた。中でも，12か国で署名した環太平洋パートナーシップ（TPP）協定からの離脱を発表し，発効済みの北米自由貿易協定（NAFTA）や米韓FTAについても，離脱することをちらつかせつつ再交渉を迫った。日本とも，2018年から二国間で貿易交渉を進めている。それとは別に英国も，欧州連合（EU）から脱退すること（いわゆる Brexit）を選択した（⇒第2章参照）。こうした動きを尻目に，中国は「一帯一路」政策（BRIないしOBOR）を推し進めている。

　貿易や投資に関する全世界的な法的枠組みである世界貿易機関（WTO）も，

危機に瀕している。たしかに，1995年に113の加盟国で発足して以来，WTO の加盟国数は2019年8月現在で164にまで増加している。しかしながら，動きの速い貿易環境に適応するための取組みは，2001年にドーハ開発アジェンダ（いわゆるドーハ・ラウンド）交渉として始まったものの，ほとんど成果なく頓挫してしまった。また，米国は WTO に対して批判を強めており，特に WTO の紛争処理手続が存続の危機に瀕している（⇒第10章 COLUMN ⑫参照）。

　2017年以降，米国は「貿易不均衡」や「国家安全保障」（⇒第4章3参照）を理由として一方的に貿易を制限する措置を多発している。これに対して，他の WTO 加盟国からも対抗措置を取る動きが広がっている。米中間では「貿易戦争」の懸念があるし，日本も，韓国等との間で輸出規制や輸入規制がからむ貿易紛争を抱えている。こうした動向に対して，WTO が有効に制御できているとはいえない。その一方で，日本は環太平洋パートナーシップに関する包括的及び先進的な協定（TPP11）や EU との間の日欧 EPA を締結し，東アジア地域包括的経済連携協定（RCEP）交渉を進めてきた。では，WTO はもう不要なのだろうか？　WTO がなくなっても FTA があればよいのだろうか？

　これらの国際的な動向がさまざまな形で我々の生活や職業に影響するからには，どのような制度・枠組みになっているか理解することが不可欠であろう。もちろん，「グローバル化」や，WTO や自由貿易協定（FTA）に賛成するか反対するかは，どちらが正しいという正解が簡単に見つかる問題ではない。資源が少なく少子高齢化も進む日本でグローバル化をいっさい拒むというのは難しいとしても，「グローバル化」という名の下に全てを受け入れなければならないわけでもない。賛否を決めるためにも，まずは，「グローバル化」に関わる国際ルールの基本構造を知ることが先決であろう。

(2)　本書の射程

　さて，経済の「グローバル化」は，貿易の「自由化」という現象とつながりが深いが，それだけではない。投資や金融の自由化，知的財産権の保護，為替操作や産業補助金のあり方もかかわってくる。これらは，国内的に規制する権限を各国がもっているものの，実際には2つ以上の国に影響が及ぶため，それ

ぞれの国で個別に国内ルールを作るだけではうまく規律できない。それゆえ，国際ルールを作る必要があるのである。こうした国際ルールのことを総称して，グローバル経済のルールと呼ぶことができるだろう。

　そのなかでも，貿易，投資，そして知的財産権の保護まで含む幅広い規律範囲をもつグローバル（全世界的）な枠組みとして，WTO がある。これに加えて，一部の国の間で約束して作った特別のルールとして，FTA を含む地域貿易協定（RTA），複数国間協定（プルリ協定）や投資協定などがある。このような特別ルールは，条約に基づいてそれぞれ別個に作られており，規模も形態も対象分野もごく多様である。本書では，WTO 以外のこうした特別ルールを「FTA など」とまとめて呼ぶことにするが（⇒本章の(9)を参照），あくまで便宜的なくくり方であることには注意してほしい。

　重要なのは，グローバル経済のルールがこうした多様なルールの並存する重層的な構造をもっていることを認識した上で，それらが全体としてどのように機能しているかを理解することなのである。この点，基本的な枠組みを理解することに重点を置く本書では，われわれの生活に密接に関連する貿易と投資についての国際ルールに焦点を当てる。そして，それらがどのような目的をもち，どのような機能を果たしているのか解説する。なお，為替や通貨の規制については世界銀行（IBRD）や国際通貨基金（IMF）があるし，国連貿易開発会議（UNCTAD）のような国連機関も重要な役割を持っている。とはいえ，入門書でそのすべてを網羅することは過剰だと考えるため，本書では WTO と FTA などに焦点を当てている。

　つまり，本書の目的は，貿易や投資に関する細かい知識を網羅的に提供することではない。むしろ，何が本質的な問題であるのかを明解に示し，そしてそれについてどのようなルールがあるのかについてバランスよく解説することで，その全体像を大まかに把握できるようにすることにある。

　本書の構成は，次のとおりである。まず，第1部で基本的なルールを中心に大まかな全体像をつかむ。次に，第2部で，もう少し深掘りして個別の分野のルールを確認する。その上で，第3部では応用的・現代的な論点について触れていく。このような段階を踏んで検討していくことで，基本事項を踏まえつ

つ，現代的な課題にも目配りしたバランスの良い理解が可能になる。

　なお，本書が取り上げる問題は，国際的な貿易にかかわる問題に限られない。より広い視点から見れば，私人の「自由」と政府による「保護」との間のバランスをどうとるかという，本質的な問題ともかかわっている。一般に，私人は外部からの制約を受けるよりも「自由」であることを望む場合が多いだろう。他方で，弱い立場にある場合は，なんらかの「保護」を望むこともあるだろう。とはいえ，常に保護を受けていれば，工夫したり成長したりする機会を失ってしまうかもしれない。こうした根源的な問題について唯一の正解はないのだから，基本的な考え方を身につけつつ，複数の利益のバランス，現状と将来的な方向性などを勘案して検討していくことになる。

(3)　貿易障壁の低減に関する国際ルールの位置づけ

　貿易自体は私人が行うものと想定される。あくまで私的な営利を目的とする経済活動であり，国家の看板を背負って貿易を行うわけではない。たとえば，売り手が本国による輸出促進制度を利用したりすることがあったとしても，国家自身が売り手や買い手になっているわけではない。買い手も，国産品を買うか輸入品を買うかを含めて，それぞれにとって合理的な判断を行うにすぎない。その結果として「貿易不均衡」が生じること自体が問題なわけではない。なお，政府が直接にかかわる政府調達（⇒第9章2参照）や，農産品についての国家貿易（⇒第7章参照）などについては，別に説明する。

　これに対して，伝統的に国家は，貿易を制限する措置をとる権利をもつとされてきた。たとえば，貿易されるモノに対して関税を課すことがその例である。なお，関税とは，モノを輸出したり輸入したりしようとする私人が，税関を通過する際に払うよう義務づけられる税金である。また，「禁制品」として指定することで輸入や輸出を禁止したり，数量制限を設けたりすることも自由にできた。こうした貿易制限措置をとることは，国家がもつ領域主権の1つだとされたからである。

　もちろん今日でも，国家がそのような規制措置をとる権利をもつこと自体は否定されていない。日本について見ると，明治時代初期に，いわゆる不平等条

約を改正して「関税自主権」を回復するために多大な労力をかけたという歴史もある。それゆえ，ある国家が貿易を過剰に規制したり，逆に過剰に支援したりすることによって貿易を行う私人の利害が損なわれるような場合，国家間で「貿易摩擦」が生じることはある。しかしながら，少なくとも WTO の加盟国は，そうした国家の伝統的な権限や，それをめぐる紛争の処理の仕方について国際ルールでもって枠をはめ，それぞれの国が勝手気ままには貿易を制限できないようにすることを合意したのである。FTA などについても，WTO の許容する範囲でのみ締結することができる。

　では，なぜ国家は，自分自身の権限を狭めるような内容の国際ルールを作ることに同意したのだろうか？　1930年代に生じた経済のブロック化への反省がそのきっかけとなったといわれる。というのも，国際的な政治環境が悪化する時期や，大恐慌のような世界的に不況の時期には，政治的・文化的・経済的な関係の良い国との間の貿易だけを促したいと国家が考えたのも不思議ではない。そして，このような観点から国家が強力に貿易に介入して，特定の国との間だけで貿易ができるようにするためのブロック（派閥のようなもの）がいくつか出来上がった。各ブロックはその外部との取引を制限したため，売り手と買い手の間で自由かつ自発的に貿易を行うことを妨げた。しかし，それだけでなく，異なるブロックに属する国の間で，資源や市場をめぐる争いをさらに激化させ，ひいては第二次世界大戦を引き起こす要因となったとまでいわれる。

　そこで，こうした経験を教訓として，原則として私人が行う貿易について国家が介入しないようにした方が全体としてはそれぞれの国の国益に資するという考えが英国と米国を中心に生まれた。そうして出来上がったのが，1947年の関税及び貿易に関する一般協定（GATT：ガット）である。GATT は，1995年に発足した WTO へと引き継がれた。そして，GATT のルールは WTO の中に取り込まれ，物品貿易に関する基本的ルールとして今も有効である。この意味で，制度としての GATT（いわゆる「1947年 GATT」）は消滅したが，ルールとしての GATT は生き続けているといえる。本書で GATT を参照する際も，特に1947年 GATT を指すのでない限り，WTO に編入された現行条文としての GATT のことを指す。

とりわけ，資源の少ない日本にとっては，安く燃料や原材料を調達するためにも，製品やサービスを外国に輸出しやすくするためにも，関税などの貿易障壁は低い方が国益にかなうと考えられてきた。そのため，長年にわたって，WTOのような世界規模の条約体制の下で貿易を促進することが基本方針とされてきた（⇒第13章2参照）。

(4) 「貿易自由化」の位置づけ

　では，私人間の貿易に対して国家が不必要に介入しないようにするというWTOのルールは，「貿易自由化」を至上命題にしているのだろうか？　そうではない。WTOの目的はもっと遠大なものである。その前文（条文の前に置かれた前書きのようなもの）に示されているように，2度にわたる世界大戦で荒廃した諸国の所得と生産と消費とを拡大させ，生活水準の向上や完全雇用の達成が最も重要であり，そのために資源の再分配や効率的な利用が必要であるため，私人間の貿易の自由と無差別とを保障しようとしたのである。

　つまり，WTOの究極の目的は，WTO加盟国の国民の福利を向上させることにある。貿易の「自由化」は，貿易の「無差別」と共に，こうした長期的な目的を実現するにあたって国家による不必要な介入をやめさせるための「手段」なのである。ここで「自由化」とは，基本的には，関税や非関税障壁による貿易歪わい曲きょく効果を減少させることである。関税を課すこと自体は禁止されていないものの，その時々の国家の政策に基づいて勝手気ままに上下させることは（特に，関税率が上振れすることは）貿易する当事者である私人にとって予測できないコストを引き起こす。それゆえ，あらかじめ約束した水準を超えて関税を課すことは禁止されている。また，いずれにせよ余計なコストである関税が低いほうが貿易しやすいことはたしかなので，長期的には関税を引き下げる方向で話し合うこととしている（⇒詳細は第3章3を参照）。このような意味で，ここでいう「自由化」とは，現時点よりも貿易障壁を低くするという相対性・方向性をもつ概念である。

　では，規制を緩和しさえすれば貿易への国家の不必要な介入がなくなるかというと，そうともいえない。貿易に対して国家が「無差別」であることも重要

である。たとえば、ある国が貿易規制を緩和すれば、それ以前よりも企業の経済活動がしやすくするという点で「自由化」ではある。しかし、このとき外国企業への規制はあまり減らさずに国内企業への規制のみを大幅に減らしたならば、方向性としては「自由化」ではあっても、外国企業が国内で公平に競争する機会は損なわれてしまう。また、ブロック経済のように、特定の国とのみ貿易を促進すれば、一部の国の間では自由化が進んでも、全体としては差別が残存したり、逆に拡大したりすることもある。

とすれば、もし輸入国での関税引き下げという「自由化」によって外国産品の輸入がしやすくなったとしても、輸入国の中で流通したり販売されたりする段階で外国産品が国産品よりも不利に扱われるのであれば、実際に買い手の手元に届くときには外国産品の価格がその分だけ高くなってしまうこともありうる。それゆえ、同じモノ・サービスであれば（⇒「同種の産品」に触れた第3章5参照）、どの国で作られたのであっても差別されないようにするという「無差別」の義務も必要とされているのである。

(5) 「自由化」と「無差別」のもたらすもの

さて、私人が自由で平等な条件で貿易できるようにすることは、実際には技術力や生産能力の高い大企業を有利にすることになって、中小企業や途上国の企業が不利な立場に立たされたりするのではないか、という疑問が頭をもたげるかもしれない。

たしかに、外国製品との間の国際競争が激しくなると、すべて今までどおり仕事を続けるというのは難しくなる。まずは、効率化によって生産コストを下げたり、付加価値や希少性を高めたりすることで対応することが求められる。このような競争についていくことは簡単ではないため、さまざまな例外がWTO協定でも認められている（(6)を参照）。とりわけ農業については、工業と比べて別の業態に移行するのが難しいこと、食料安全保障の要請があることなどの理由から、特別の配慮が必要であると認められている（⇒第7章参照）。また、歴史的な経緯から経済構造が偏り経済発展が遅れている国（発展途上国）の産品は、「特別かつ異なる待遇」として有利な条件で先進国に輸出できるよ

うになっている。そのため，必ずしも先進国にばかり有利だとは限らない（⇒第12章3参照）。

　大まかにいえば，国際競争は，不当に濫用されない限りは，企業の価値と成長力を高め，消費者に恩恵を与えると考えられている。特に日本のような先進国ほど，教育水準や技術水準が高いために，競争力の基盤が強いし，たとえある段階では競争に破れたとしても，より将来性のある産業に移行したりするなどの構造的な変化にも対応しやすい。たとえば，農業についても，日本は競争に弱いというイメージがある一方で，他の国ではつけられないような高い付加価値をつけながら技術革新などによって生産コストを減らすことができれば，外国の市場への輸出も拡大させる可能性があるという指摘もある（⇒第13章参照）。

(6)　「自由化」と「無差別」の限界

　もちろん，自由競争といえば何でも正当化されるとか，常に平等でなければならないというわけではない。たとえば，外国企業が「不公正」な形で貿易を行おうとした場合，輸入する側の国が国内産業を守るために対抗措置として不公正貿易を制限することは，WTOでも認められている。また，外国での豊作によって農作物の輸入が急激に増加したような場合，誰も不公正な行為を行っていないときでも，国内の産業に深刻な被害が生じないようにするために緊急避難的に貿易を制限すること（セーフガード措置）もできる。このような措置は，貿易救済措置と呼ばれる（⇒第6章を参照）。なお，安値販売で市場を独占しておいて後から値をつり上げるような行為については，各国の競争法・独占禁止法によっても対抗できる。

　また，貿易の自由化が義務付けられて貿易を制限しづらくなるからといって，各国それぞれにとっての重要な価値（たとえば衛生基準や食品安全規格など）を守るための国内規制に基づいて輸出入を制限することまでが禁じられるわけではない（⇒第5章参照）。たとえば，国民の健康を保護したり環境を保全したりするという正当な理由がある場合，国家は特定の物の貿易を禁止したり制限したりすることがWTO上も認められている（⇒第4章参照）。

忘れてはならないのは，自由化や無差別といった原則は，主として私人が行う経済活動に対する国家の裁量の幅を減らすという効果をもち，売り手と買い手にとって自由と選択肢とを増やす効果をもつということである。上で見た通り，WTO や FTA などの国際ルールは国家間の合意であるが，それらは国家に対して義務を課しているのである。けっして，消費者や，貿易を行う企業に対して貿易をしろとかするなとかいった義務を課すものではない。

　貿易自由化の結果としてどのようなモノやサービスが輸入されることになっても，消費者にはそれを買うか買わないか選択する自由と責任がある。外国産品と国産品を同じだけ買う義務があるわけではないので，消費者が国産品や地元産のものを好むのであれば，それを優先して買うことは自由なのである。また，民間のスーパーや百貨店のような小売業が国産品フェアを開いたり，地産地消キャンペーンを展開したりすることも，私企業としての経営判断であれば自由に行うことができる。その結果として国産品がよく売れて外国産品が売れなくなれば，その外国産品の輸入が減ることになるだろうが，それは貿易自由化の概念と矛盾しないし，国際ルール違反になるわけでもない。他方で，政府が自国産業の振興などの名目で国民に対して国産品を買うよう奨励したり義務づけたりすることは，経済活動への余計な干渉であるため原則として禁止される。こうした干渉をお互いにしないようにするため，WTO や FTA などのルールで政府の介入を制限しているのである。合意した全ての国を拘束するのであるから，19世紀の不平等条約などとは違って，日本の政府だけが不利になるということもない。

　重要なことなのでもういちど書いておきたい。WTO や FTA などの国際ルールは，私人の行う経済活動（消費者がモノを購入することを含む）に対して各国の政府が不必要に介入しないようにしているのである。もちろん，正当で必要な規制であれば認められる。

(7) 「サービス」の貿易

　ここまで，形のあるモノが国境を越えて取引することばかりを扱ってきた。しかし，形のない「サービス」が国境を越えて提供され，それに対価が支払わ

れる場合も，貿易に含まれる。これをサービス貿易と呼ぶ。たとえば，日本に住む学生がフィリピンの企業の提供するオンライン英会話の教室を受講して受講料を支払った場合，サービスの貿易を行ったことになる。本人は一歩も日本から出ず，日本円で支払ったにもかかわらずである。また，海外旅行に行った先でタクシーに乗っても，サービス貿易をしたことになる。このほか，外国の有名レストランの日本支店で食事をしても，サービス貿易になる。さらに，日本のコンビニでチケットを購入して海外のアーティストの日本公演に行ってもサービス貿易に該当する場合がある。このように，物品貿易を行うのが商社や個人で輸入をする場合などに限られるのに対し，サービス貿易はもっと身近であり，普通の人が容易に行いうる貿易行為である（⇒第8章参照）。

　逆に，外国人観光客が日本に来る場合も，サービス貿易を行っている。彼らが日本国内でホテルやタクシーなどのサービスを利用してお金を使ってくれれば，日本製品が彼らの本国で売れるのと同じように，日本の企業の収入が増えることとなる。また，銀行などの日本のサービス産業が外国に支店を設けて，その国でより多くの顧客を獲得できれば，それらの産業の収入も増えることとなる。このように，サービス貿易は飲食から金融まで多様な分野にかかわる。とりわけ日本のような先進国において，サービス産業は国内総生産（GDP）の7割を占める一方で，世界貿易においてサービス貿易が占める割合は，増加傾向にあるものの2割を超えた程度にとどまっている。これは逆に，サービス貿易には大きな伸び代があるということでもある。今後も交通手段や情報通信技術がさらに発達することに伴って，サービス貿易はますます容易に，そして幅広く身近なものになっていくだろう。

　他方で，サービス産業は，非常に幅広い分野にわたるからこそ，自由化しようとすれば，各国がこれまで独自に設けてきた産業規制に影響が及ぶことになる。主として国内の機関が提供してきた教育，医療，社会インフラ運営などのサービスを直ちに自由化すれば，社会に大きな影響をもたらしうる。それゆえ，物品貿易を自由化する場合とは違った配慮も必要になるだろう。

(8) 「投資」と貿易との関係

さらに，モノやサービスの貿易行為と一緒になされることの多い行為として，「投資」がある（⇒第9章1参照）。

投資とは，文字通り資本を投げ入れるということである。なお，投資は一国内のみでも行いうるが，本書では国境を越えてなされる投資（国際投資）を指すものとする。たとえば，日本の企業が外国に工場を建てることであったり，外国の販売会社を買収したりすることがその一例である。資本を投じて工場を建てても，何らかの理由で製品を作れなければ無駄になってしまうため，投入した資金に見合うだけの収益があるとは限らない。このように，国境を越えてお金を支払う一方で，その対価として何が得られるかが未確定である点が，投資の特徴である。まさにこの点で，投資は，モノやサービスが国境を越えて取引され対価が支払われるという双方向的な性質をもつ貿易から区別されるのである。

そうはいっても，グローバル化した今日，貿易を行おうとする企業はそれと相前後して投資も行うのが珍しくない。たとえば，ある国の生産者にとって自国内だけで原材料や部品を調達して完成品を作ることが効率的だとは限らず，生産工程の一部を複数の国で分担して行うことは珍しくない。また，販売活動についても，顧客のいる国ごとに異なる戦略が必要になりうる。このような場合，他の国に工場を設立したり，販売会社を設立したりして国際的に企業活動を展開することが多い。これが，貿易と関連する投資の一形態である。現実の経済活動としては，貿易と投資は二人三脚のように相伴ってなされる。そこで，貿易が円滑になされるためには，貿易のみならず，隣接する分野である投資についても国際ルールを設けることが求められるのである。

(9) 地域的・分野ごとの特別ルールの隆盛

上述のように多様な形で展開する貿易と投資について，WTOはグローバル（全世界的）な規律を設けている。さらに，WTOのルールの射程は，知的財産権の保護や政府調達にも及ぶ（⇒第9章2および3参照）。ただし，WTOのルールが完全なわけではない。1994年にWTOの中身について合意がなされた時

点ですでに，未完成・不明確な点が多く残されていることは認識されていた。とりわけ，農産品の貿易，サービス貿易，投資については，不明確な点が多く残っている。

　もともと，そうした不完全な点については，WTO が発効した後に多数国間交渉をすることで徐々に改善していくことが期待されていた。しかしながら，そのために2001年に始まったドーハ・ラウンド（ドーハ開発アジェンダ）は，主要国の間の意見対立などから，いまだにほとんど成果が挙げられていない（⇒第2章2参照）。

　そこで，全世界的なルールで足りない部分については，一部の国の間で適用される特別なルールを設けて補完していこうとする流れが強まっている（⇒第11章参照）。とはいえ，WTO がグローバルなルールとしての意義を失ったわけではない。特に，国家間で具体的な紛争が生じたときは，裁判手続に似た WTO 紛争処理手続が頻繁に利用されており（⇒第10章参照），国際ルールの実効性を高めるのに貢献している。

　さて，本書では，WTO 以外の特別ルールである RTA，投資協定，そして複数国間協定のことをまとめて表現する必要がある場合，「FTA など」と呼ぶこととする。もちろん，厳密にいえば，FTA というのは RTA よりも狭い概念であるし，投資協定や複数国間協定については，専門的観点からは FTA には含まないのが通例である。しかしながら，「FTA」という用語の方が，RTA や投資協定といった他の用語と比べてよく知られている。また，FTA がこうした多様な特別ルールの代表格だといっても誤りではない。それゆえ，条約の名称や形態にこだわらず，WTO というグローバルなルールで足りない部分を補うために一部の国の間で特別に設けたルールのことを，まとめて「FTA など」と呼ぶことにするのである。貿易のみを対象とするとは限らないし，地域的に近いかどうかであるとか，締結した国の数が多いか少ないかであるとか，個々の条約の名称がどうなっているかにはかかわらないことに注意してほしい。もちろん，いずれの用語についても専門的にはもっと厳密な定義があるので，より詳細に勉強したい場合にはさらに区分する必要がある（⇒COLUMN ①参照）。

COLUMN ① : FTA などの特別ルールの多様な形態

　WTO を補完するような地域的または分野ごとの特別なルールは，この章の冒頭で見た通り非常に多様にわたる。

　たとえば，本章の(1)でも出てきた地域貿易協定（RTA）とは，WTO 協定の加盟国の一部の国々が，それらの国々の間の貿易自由化を特に進めるために設ける条約である。WTO 協定上，RTA とは自由貿易地域（free trade area），関税同盟，そしてそれらを形成する途中の段階である中間協定の 3 つだと規定されている。ただし，ここでいう自由貿易「地域」とは，必ずしも地理的にまとまっていることが必要なわけではないし，関税徴収システムの共通化のような制度の統合がなされるわけでもない。なお，そもそも GATT の条文では「自由貿易地域」という用語が使われているが，これをその基礎となる条約である「自由貿易協定」（free trade agreement）という用語に置き換えて，本書では自由貿易協定のことを FTA と略称することにする（⇒第 2 章参照）。

　注意してほしいのは，ここでいう自由貿易協定（FTA）とは，必ずしも「自由」とか「貿易」とか「協定」という名称がつけられている条約に限定されないということである。詳細な解説は第 2 章で行うが，いわゆる経済連携協定（EPA）と呼ばれる条約や，環太平洋パートナーシップ（TPP）協定も，WTO 協定上は FTA に分類される。つまり，FTA という名前がつけられているか EPA という名前がつけられているかによって，決定的な違いが生じるわけではない。

　また，締結した国の間の「実質上全て」の貿易を自由化するのが FTA や関税同盟であるのに対し，一部の分野に特化して貿易自由化などを進めるものとして，複数国間協定がある。これも，WTO 加盟国のうちの一部が任意に設ける条約であり，加入する国が 3 か国以上だが WTO の全加盟国まではいかないという含意がある。たとえば，WTO 協定附属書 4 に置かれた政府調達協定（GPA）なども含まれるし，WTO とは別に設けられた情報技術協定（ITA）やエネルギー憲章なども含まれる。

　こうした RTA や複数国間協定が主として貿易分野を対象とするのに対し，本章の(8)で見たような投資についてのルールもある。これらは，かつては二国間投資協定（BIT）と略称されることが多かったものの，3 か国以上で締結されることもあるし，FTA の一部の章として挿入されることもある。そこで，それらを包含する投資協定という用語を用いる。より詳細な議論については，国連貿易開発会議（UNCTAD）による定義などがあるため，専門書を参照してほしい。

図表1-1　WTOと「FTAなど」の間の関係

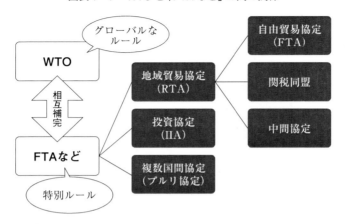

　まとめると，RTAの1つである自由貿易協定のみを指す場合は「FTA」と表記し，FTAと関税同盟を指す場合は「RTA」と表記し，RTAや投資関連協定や複数国間協定をまとめて指す場合は「FTAなど」と表記する（⇒図表1-1参照）。

2　本書を読むことで何が分かるようになるのか

　いうまでもなく，多様で複雑な国際貿易にかかわる全ての問題を本書で扱うことはできない。また，それらについてただ1つの完全な解答を与えることも，もちろんできない。なぜなら，完全な解答というものは存在しないからである。それでも，これから我々の社会や生活や仕事にますます大きな影響を与えるであろう問題について，バランスのとれた形で基礎的な理解を身につけるのに本書は役立つと期待される。本書を精読することで，以下のような学修効果が期待される。

　第1に，グローバル経済のルールの中核部分をなす貿易と投資に関係する国際ルールの基本構造を理解することができるようになる。具体的には，グローバルなルールであるWTOの「原則」と「例外」について基本的な物の見方

が身に付く。また，原則と特別規則との間の相互補完関係についても，おおむね分かるようになる。第2に，ミルフィーユのように複層的な構造をなす国際ルールの全体像を把握し，その一部を構成するルールそれぞれの役割についてバランスよく理解することができるようになる。具体的には，WTOとFTAなどが互いに補完しあいながら機能していることが分かる。他方で，近年FTAなどの特別ルールが増加していることに伴ってWTOとの間で生まれつつある緊張関係についても，目配りできるようになる（⇒第11章参照）。第3に，開発援助（⇒第12章参照）やインフラ輸出（⇒第13章参照）といった発展的な論点についても，何がどうして問題になるのかについての基本的な「目のつけどころ」が分かるようになる。

　もちろん，より詳細なルールについては，巻末の**国際経済法学習ガイド**に載せたような他の資料も見ることを勧める。また，たとえばTPPに加入するとどのような分野でどのような影響が出るのかであるとか，放射能汚染の恐れを理由として輸入規制することが国際ルールに照らしてどのように評価されるのかといった現代的な問題について，誰もが賛成する結論を導くことは難しい。しかし，少なくとも本書を通読すれば，バランスのとれた物の見方ができ，より詳細に分析するために何が必要となるのか目星を付けるための素養を身につけることができるだろう（⇒第14章参照）。

〔考えてみよう〕
・原材料（工業品の場合は部品，農産品の場合は肥料や飼料も含む）が全て国産品で，製造工程も全て国内でのみなされたものを，身の回りで見つけられるだろうか。
・なぜWTOの加盟国は，貿易を制限する権限をもっていたのに，それをわざわざ制約するような国際ルールを作ったのだろうか。
・「貿易不均衡」は悪いことだろうか？　それを完全に「是正」するためには何を行う必要があるだろうか。

第 2 章

WTO と FTA の関係

〈学習のポイント〉
- WTO とは何か。
- 地域貿易協定（RTA），自由貿易協定（FTA），関税同盟とは何か。
- WTO と RTA はどのような関係にあるのか。

1　国際貿易体制の概観

　今日の我々の生活には国際貿易が深くかかわっている。前章でみたように，貿易そのものは私企業が行う国境を越えた取引であるが（⇒第1章1参照），貿易がある程度自由かつ円滑に行われている背景には，それを可能にするために国際社会で培われてきた制度的仕組みの存在がある。この制度的仕組みは，国家間の権利義務を規定するルールやルール遵守のための手続などで構成されるが，これを本章では，国際貿易体制と総称している。

　従来，この国際貿易体制の中心は，第二次世界大戦後に成立した GATT であった。GATT は，1995年から制度的基盤を強化した WTO へ引き継がれた。GATT 成立当初23か国であった加盟国数は徐々に増加し，2019年に164か国にまで拡大した。この164か国で世界貿易のほとんどをカバーする（物品貿易額ベース）。つまり，WTO は名実ともに国際貿易の中心となってきた。そして GATT と WTO は，なるべく世界全体で貿易の自由化を進め，その果実を皆で享受しようとする多国間主義を推進してきたのである。

　ところが，加盟国が増えるにしたがって，この加盟国全体で広く貿易の自由化を進めるという試みがうまくいかなくなってきた。164か国の中には，経済発展段階や経済体制の異なる国が存在することに加え，そもそも**コンセンサス**

方式（いずれの加盟国からも審議事項の決定に正式に反対が表明されない場合，賛成を得られたものとみなす方式）という WTO の意思決定方式にも限界が生じ始めたからである。代わって2000年前後から，**地域貿易協定（RTA）** に基づいて形成される地域経済統合が増加し始めた。RTA とは，端的にいえば二国間あるいは複数国間または地域においてのみ貿易の自由化などを達成しようという国家・地域間の試みである。RTA のなかでも，特に**自由貿易協定（FTA）** と呼ばれる統合が2000年以降，急激に増加した。

さらに2010年以降は，世界貿易に占める貿易量・額の大きい国や地域間，さらには参加国数の多いメガ FTA とも広域 FTA とも呼ばれる試みが進んでいる。代表的なものとして，米国・EU 間の貿易協定締結に向けた取組み（両国間で環大西洋貿易投資パートナーシップ（TTIP）の名称で行われていた交渉はトランプ政権発足前後に中止となった），環太平洋パートナーシップ（TPP（米国が署名撤回後，TPP11〔正式名称は CPTPP〕として発効）），日 EU 経済連携協定（日欧 EPA，発効済），東アジア地域包括的経済連携（RCEP，交渉中），日米貿易協定（発効済，今後継続交渉を予定）がある（2020年 1 月末時点）。

以上のように，現在の国際貿易体制は，WTO と RTA とが併存している状況にあり，当面この状況は継続する見通しが強い。では，両者の関係はどのようなものと位置づけられるだろうか。以下，本章では，WTO と RTA それぞれについて解説する。

2　WTO の成立と展開

(1)　GATT の成立と WTO への移行

① 第二次世界大戦前後の GATT 草創期

　GATT の成立は，第一次世界大戦後の世界大恐慌を経て諸国が形成した経済ブロックが第二次世界大戦につながった反省がきっかけとなっている。そして，究極的には世界平和の確立を実現すべく，自由かつ多角的な貿易と投資，為替の自由化を基礎とする国際経済秩序の形成を目指し米国主導で合意された。その経緯を以下で概観してみよう。

第一次世界大戦の戦場となった欧州では，工業基盤が破壊され，国内経済は疲弊しきっていた。米国は戦争直後，景気後退にあえいでいたが，1920年代に入り自動車産業などの発展により経済的繁栄を遂げた。しかし，過剰な投機熱の高まりなどにより1929年に米国における株価の大暴落が発生する。これを契機として世界経済は，世界大恐慌と呼ばれる状態に陥っていった。こうした経済環境の変化の下で，諸国は国内産業の保護（保護貿易主義）を先鋭化させ，市場の囲い込みに努めた。まず，1930年，米国では輸入品に対する高関税の賦課を中心としたスムート・ホーレイ法が制定された。1931年以降，英国が英連邦特恵，日本が満州，台湾，朝鮮に経済ブロック圏，ドイツが南欧諸国との間で広域経済圏を設定するなど世界は「**経済のブロック化**」と呼ばれる状況に陥っていく。一般に経済ブロックとは，ある国々が構成する排他的な経済圏を指し，域内では自由に貿易が行われるが，域外との貿易は制限される。1930年代，経済のブロック化により世界経済は分断されることとなり（⇒第１章１(3)参照），保護貿易主義とも相まって，1939年の第二次世界大戦勃発の要因の１つとなった。

　英米を中心に，いわゆる連合国の間では戦時中から戦争終結後の構想について議論が開始されていた。米国は高関税政策が経済のブロック化を招いた反省から，1934年に関税引き下げを志向する互恵通商協定法を制定し，高関税政策の政策転換をはかっていた。連合国の戦後の構想が体現されたのが1944年に米国主導により44か国が参加して開催されたブレトンウッズ会議である。この会議の中心的議題は，為替の安定と戦後の復興であり，前者については国際通貨基金（IMF），後者は国際復興開発銀行（IBRD，世界銀行とも呼ばれる）を創設して追求していくこととなった。いわゆる**ブレトンウッズ体制**の成立である。

　貿易面に眼を向けると，米国が1945年に「世界貿易と雇用の拡大に関する提案」を公表し，**国際貿易機構（ITO）**設立を提唱すると同時に，相互の関税引き下げ，特恵関税の廃止を提案した。この提案に基づいて，当時創設されていた国連の下で検討会議が開催され，ITO創設を含め幅広い分野の自由化を盛り込んだITO憲章（合意地にちなんでハヴァナ憲章とも呼ばれる）が1948年に53か国で合意，署名された。しかし，その内容が貿易以外に雇用や競争政策も含むなどあまりにも野心的であったため，提案した米国においてすら議会の反対によ

り批准されず，2か国が批准するにとどまった。ITO 憲章の発効には一定数以上の国の批准が必要であったため，結局 ITO 憲章は成立に至らなかった。

　他方で，1947年に米国提案に基づく関税引き下げなどの交渉が23か国が参加して行われていた。第二次世界大戦の保護貿易主義が残存していた状況のなか，これらの国々は貿易自由化につながるこの交渉の成果を早期に実現したいと考え，交渉中であった ITO 憲章の中から関連部分のみを暫定的に適用するという方法を選択した。この関連部分が GATT であり，「GATT の暫定適用に関する議定書」に基づいて1948年から暫定的に適用されることとなった。このように GATT は当初，ITO が設立されるまでの間，暫定的に適用されるものとの位置づけであったが，ITO 憲章が発効に至らなかった結果，これに代わってその後の国際貿易を規律していくこととなった。

② GATT の展開

　GATT 発足直後，GATT に課された課題は各国の関税の引き下げであった。GATT の下では，「ラウンド」と呼ばれる多角的貿易交渉が幾度か行われ，鉱工業品を中心に加盟国の関税率が徐々に引き下げられてきた。具体的には，まず，GATT 発足の契機となった第1回ラウンドに続いて，1949年には第2回のラウンド，1950年に第3回ラウンド，1956年に第4回ラウンド，1960〜61年にディロン・ラウンド（第5回），1962〜67年にケネディ・ラウンド（第6回）が行われた。この頃まで，交渉の主な成果は関税譲許（一般に，関税率の引き下げと引き下げる割合を約束すること）であった。平均関税削減率は各ラウンドで35％といわれ，ケネディ・ラウンドでは鉱工業品の平均関税率は9％程度まで引き下がった。また，交渉参加国も徐々に増加した。1950年代から60年代にかけて，関税の引き下げにより世界貿易は年平均8％の成長を遂げたともいわれている。敗戦国であった日本は1955年に GATT に加盟し，第4回ラウンドから参加してきた。

　貿易上の障壁としては，関税と非関税障壁があげられるが，上記のように関税は引き下げられた一方，数量制限や補助金などの非関税障壁は GATT に関連するルールがありながらもルールの例外が設けられたりしていたこともあり，削減・撤廃が進まなかった。関税が引き下がり，貿易の自由化が進んだ結

果，自国産業と外国の産業との競争が激化していくなか，1970年代の石油ショックを契機とする世界経済の停滞が起こると，なおさら各国は非関税障壁を通じた保護主義的政策をとるようになった。たとえば，農業分野への補助金の付与，ダンピング（不当廉売）に対抗するためのアンチダンピング措置などの貿易救済措置の発動，輸入国の国内産業の保護に資するために輸出国産業が輸出を自主的に制限するという輸出自主規制の増加が代表的な措置としてあげられる。そこで，1973～79年に開催された**東京ラウンド**（第7回）では関税の引き下げに加えて，非関税障壁の規律に取り組むこととされ，GATT に加えて「東京ラウンド・コード」と呼ばれる一連のルールが合意された。しかし，東京ラウンド・コードは GATT の加盟国全てに適用されるわけではなく，各々のルールを受諾するかしないかは加盟国の選択に委ねられていた。その結果，加盟国間で権利・義務関係が異なるほか，自国に有利なルールに基づいて貿易紛争の処理のフォーラム（場）を変更するといういわゆるフォーラム・ショッピングが起きるといった問題につながった。

　東京ラウンド終了後，第二次石油ショックによる世界経済の停滞により，引き続き加盟国の保護主義的傾向が続いた。特に農業分野の貿易自由化は依然として進展しなかった。一方，日本，米国，欧州などの先進国では産業の高度化が進んだことに伴ってサービス貿易が増加し，また技術革新に伴う知的財産権の保護の必要性が高まった。そこで，保護主義を牽制すると同時に GATT 規律下にないサービス貿易や知的財産権といった新分野を議論する必要性が認識された。こうして1986～94年にウルグアイ・ラウンドが行われた。

　ウルグアイ・ラウンドでは，サービス貿易についてサービスの貿易に関する一般協定（GATS），知的財産権については知的所有権の貿易関連の側面に関する協定（TRIPS 協定）という新分野のルールが合意された。また，同ラウンドでは，工業品の平均3.9％の関税削減，農産品の関税化に合意すると同時に，アンチダンピング，補助金・相殺措置，セーフガードという貿易救済措置分野のルールの強化，紛争処理手続の協定化が達成された。1970年代から80年代にかけて顕在化した一方的措置の封じ込めや，輸出自主規制などの灰色措置も協定上で禁止することに成功した。また，以上を管轄する機関として国際機関で

あるWTOが発足した。ここで，GATTは協定といういわば脆弱な基盤から国際機関に移行し，堅固な基盤を得ることとなった。WTOでは，GATTは物品貿易を規律するルールとして適用されている。

(2) WTOの展開と全体像

① WTOの展開と課題

1995年のWTO発足以降，数度の**閣僚会議**が行われている（⇒閣僚会議がWTOの最高意思決定機関であることについては，COLUMN②を参照）。まず1996年のシンガポール閣僚会議では，一層の経済のグローバル化など経済環境の変化に伴って，投資，競争，政府調達における透明性，貿易の円滑化という4つの分野が新たに検討の必要な問題として合意された。これらの検討の一部は，後に政府調達協定の改正や，**貿易の円滑化に関する協定**の締結（2017年発効）につながっていく。また情報化の進展に伴って，情報技術製品などの関税を撤廃するという**情報技術製品の貿易に関する協定**（情報技術協定：ITA。正式名称は，「1996年情報技術製品の貿易に関する閣僚宣言」）が合意された。1998年ジュネーブ閣僚会議では，電子商取引について関税不賦課とする宣言が採択されたほか，新ラウンド開始のため検討を行っていくこととされた。

一方，ジュネーブ閣僚会議の前後より，WTOは非政府組織（NGO）に代表される市民社会からグローバリゼーションの象徴として批判を受けるようになった。このため，WTOはその後NGOとの対話などを行い透明性の向上につとめるようになっている。また，WTO加盟国の5分の4近くを占めるに至った発展途上国の影響力も増加した。途上国の台頭は後述するWTO改革・現代化の取組みにつながっていく。

2001年に開催されたドーハ閣僚会議で新ラウンド「ドーハ開発アジェンダ」（ドーハ・ラウンド）の開始が合意された。ラウンドでは，特に，農業の市場アクセス（関税削減など），農業の国内補助金，非農産品（鉱工業品）市場アクセス（NAMA）3分野において加盟国の対立が著しく，2015年以降，ラウンドは包括的な交渉の枠組みとしては頓挫している。このため，「プルリ」と呼ばれる複数国間，分野別の交渉の試みがWTOの内外で増加した。

「プルリ」は，複数国間（プルリラテラル）の意で，従来，主として WTO 設立協定附属書4（複数国間貿易協定）を意味した（図表2‐1）。しかし現在では，より広義に，有志の複数国間による分野別の交渉・協定締結という趣旨で用いられる場合がある。こうした「プルリ」交渉・協定の対象分野の例として，環境物品，サービス貿易，情報技術製品（ITA 拡大交渉），電子商取引がある。

ラウンドが包括的な交渉の枠組みとしては頓挫した背景には，いくつかの要因があると考えられる。そもそも加盟国数が164か国（2019年）と多くなり，従来のコンセンサス方式による意思決定が困難となっている。また，中国，インドなど新興国の台頭により従来の先進国主導という交渉の構図も妥当しなくなった。これら新興国の登場により途上国の構成も多様となり，途上国と先進国という単純なカテゴリーに分類できない状況が生じているにもかかわらず，交渉は依然としてそのような分類で行われ，先進国としても妥協が困難になっている。さらには，途上国に比して先進国はすでに大幅に関税を引き下げており，残存する分野は農業分野を中心に国内的な妥協が極めて困難である故に残存しているものである。先進国にとって新興諸国の鉱工業品分野の市場アクセスの確保は重要ではあるものの，農業分野を妥協してまで確保することを目指すようなものではない。また，WTO での交渉に代わって FTA が増加し，貿易交渉の舞台はそちらに移っている（⇒次節参照）。

他方で WTO の紛争処理手続は有効に機能してきた。WTO では，ある加盟国の措置が協定に違反すると他の加盟国が考える場合などに，この他の加盟国が WTO に申立てを行うことが可能である。しかし，2016年頃から，WTO の紛争処理手続における上位の審理機関にあたる上級委員会の委員の再任と任命手続の開始を米国が一貫して阻止した。この結果，2019年12月に上級委員会は紛争毎の審理に必要な3名にも欠くこととなり，機能を停止した（2019年12月末時点）（⇒第10章参照）。

米国は，上級委員会が行き過ぎた行動（overreach）をとっていると問題視している。また，上述したようにラウンドが機能せず WTO が新たなルールを策定できない状況や，途上国の卒業問題（⇒第12章参照），透明性の欠如（主として中国が本来行うべき WTO に対する補助金の通報を行わない問題）（⇒第6章

図表 2-1　WTO 協定の構造

```
                                凡例
＊WTO 協定の表記は下記の用例（〔　〕内）によった。
世界貿易機関を設立するマラケシュ協定〔＝WTO設立協定〕
┬ 附属書 1
│   ┬ 附属書 1A　物品の貿易に関する多角的協定
│   │   ┬ 1994 年の関税及び貿易に関する一般協定〔＝GATT1994〕
│   │   ┼ 農業に関する協定〔＝農業協定〕
│   │   ┼ 衛生植物検疫措置の適用に関する協定〔＝SPS 協定〕
│   │   ┼ 繊維及び繊維製品（衣類を含む）に関する協定〔＝繊維協定〕（2004 年末に終了）
│   │   ┼ 貿易の技術的障害に関する協定〔TBT 協定〕
│   │   ┼ 貿易に関連する投資措置に関する協定〔＝TRIMs 協定〕
│   │   ┼ 1994年の関税及び貿易に関する一般協定第 6 条の実施に関する協定〔＝AD 協定〕
│   │   ┼ 1994年の関税及び貿易に関する一般協定第 7 条の実施に関する協定〔＝関税評価協定〕
│   │   ┼ 船積み前検査に関する協定〔＝船積前検査協定〕
│   │   ┼ 原産地規則に関する協定〔＝原産地規則協定〕
│   │   ┼ 輸入許可手続に関する協定〔＝輸入許可手続協定〕
│   │   ┼ 補助金及び相殺措置に関する協定〔＝補助金協定〕
│   │   ┼ セーフガードに関する協定〔＝セーフガード協定〕
│   │   └ 貿易の円滑化に関する協定〔＝貿易円滑化協定〕（2017 年発効）
│   ┼ 附属書 1B　サービスの貿易に関する一般協定〔＝GATS〕
│   └ 附属書 1C　知的所有権の貿易関連の側面に関する協定〔＝TRIPS 協定〕
┼ 附属書 2
│   └ 紛争解決に係る規則及び手続に関する了解〔＝DSU〕
┼ 附属書 3
│   └ 貿易政策検討制度〔＝TPRM〕
└ 附属書 4　複数国間貿易協定
    ┬ 民間航空機貿易に関する協定
    ┼ 政府調達に関する協定〔＝政府調達協定〕（2014 年改正政府調達協定発効）
    ┼ 国際酪農品協定（1997 年末に終了）
    └ 国際牛肉協定（同上）


○1996 年情報技術製品の貿易に関する閣僚宣言〔＝情報技術協定，ITA〕
```

（出所）WTO ホームページなどより筆者作成。

COLUMN ②：WTO の組織

　下記図表は WTO の機構を示している。図表の最上位にある閣僚会議が最高意思決定機関であり，２年に１回会合を行う（WTO 設立協定４条１項）。閣僚会議が開催されない間は，一般理事会がその任務を遂行する（同２項）。一般理事会は，同時に貿易政策検討制度（TPRM）を管轄する貿易政策検討機関（TPRB），紛争処理手続を管轄する紛争解決機関（DSB）としても機能する（同３，４項）。

図表 2 - 2　　WTO の機構

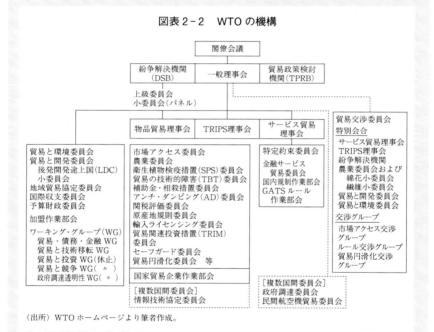

（出所）WTO ホームページより筆者作成。

　一般理事会の下部機関として物品貿易理事会，サービス貿易理事会，知的所有権の貿易関連の側面に関する理事会（TRIPS 理事会）が設置されている（同５項）。それぞれの理事会の下には補助機関を設置することが認められており，必要に応じて会合を開催する（同６項）。各理事会の下には関連する下部機関も設けられている。

　また，ドーハ・ラウンドのため，一般理事会の下に交渉を管轄する貿易交渉委員

会（TNC）と交渉関連組織やグループが設置されている。以上の会合には原則と
して全ての加盟国が参加可能である。
　また，WTOには事務局が設置されている（WTO設立協定6条1項）。事務局
の長は事務局長であり，閣僚会議が任命する（同2項）。事務局はさまざまな国籍
を有するスタッフで構成され，WTOの活動を支援している。

COLUMN⑧を参照）といったWTOの機能不全といわれる問題も背景にある。
そこで，WTOでは，2018年頃からWTO改革・現代化の取組みが開始されて
いる。この取組みは，主に，紛争処理手続の改革，途上国の卒業問題を含む現
代的要請に合った貿易ルールの策定，WTOの監視機能と透明性の強化を対象
とする。ただし，トランプ政権下の米国が多国間の枠組みであるWTOでな
く二国間交渉により貿易自由化の圧力をかけている現況や，同国と中国の間で
貿易紛争が激化している状況もあり，WTO改革の先行きは不透明である。
② WTOの全体像
　WTOは，**WTO設立協定**に基づいて設立され，その下に置かれたさまざま
な分野の協定の総称である**WTO協定**（図表2-1参照）の目的を達成するもの
とされている（WTO設立協定3条1項）。GATTとWTOに共通する目的とし
ては，生活水準の向上，完全雇用の確保，高水準の実質所得と有効需要とこれ
らの着実な増加の確保，物品・サービスの生産・貿易の拡大，世界の資源の最
適な利用があげられるが（GATT，WTO設立協定前文），WTOでは国際貿易環
境の変化を受けて，環境の保護・保全と発展途上国への配慮とが新たに盛り込
まれた。発展途上国への配慮は，持続可能な開発という目的のための資源の最
適利用，発展途上国の経済発展の必要性に応じた国際貿易のシェアの確保とい
うWTO設立協定前文の表現に特に表れている。
　以上の目的を達成するために，WTOは次のような機能を有する（同3条以
下）。第1に多角的貿易協定の管理，第2にラウンドの場，第3に貿易紛争の
処理，第4に加盟国の貿易政策のモニタリング，第5に他の国際機関との協
力，第6に発展途上国に対する貿易関連の技術支援・トレーニングである。

COLUMN ③：WTO への加盟・脱退

図表 2 - 3　加盟手続の流れ

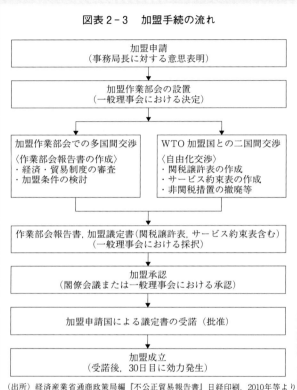

加盟申請
（事務局長に対する意思表明）

加盟作業部会の設置
（一般理事会における決定）

加盟作業部会での多国間交渉 〈作業部会報告書の作成〉 ・経済・貿易制度の審査 ・加盟条件の検討	WTO 加盟国との二国間交渉 〈自由化交渉〉 ・関税譲許表の作成 ・サービス約束表の作成 ・非関税措置の撤廃等

作業部会報告書，加盟議定書（関税譲許表，サービス約束表含む）
（一般理事会における採択）

加盟承認
（閣僚会議または一般理事会における承認）

加盟申請国による議定書の受諾（批准）

加盟成立
（受諾後，30日目に効力発生）

（出所）経済産業省通商政策局編『不公正貿易報告書』日経印刷，2010年等より
　　　筆者作成。

　WTO には全ての国，または独立の関税地域が WTO と合意した条件に基づい
て加盟することができる。「**独立の関税地域**」とは，対外通商関係と WTO 協定
が規定する事項について完全な自治権を有する地域のことを指し，例として，香
港，台湾，マカオが挙げられる。なお，GATT に加盟していた国のことは「締約
国」と呼んでいたが，本書では WTO 協定の表現に合わせて「加盟国」で統一し

ている。

　図表2-3はWTOへの加盟手続の流れを示す。加盟交渉は，大きく加盟作業部会での多国間交渉と，WTO加盟国との二国間交渉という2つのプロセスを経る。

　まず，加盟希望国より加盟の意思表明の形で加盟申請が行われると，審査のための加盟作業部会が設置される。作業部会では，申請国の経済・貿易制度の審査を行い，加盟条件が検討されたのち，作業部会報告書が作成される。同時並行的に，WTO加盟国と申請国との間で二国間交渉が行われ，関税引き下げ交渉の成果として関税譲許表，サービス分野の自由化交渉の成果としてサービス約束表を作成し，非関税措置についても交渉が行われる。以上を踏まえて，作業部会報告書・加盟議定書が採択されると，加盟の承認が行われる。加盟申請国が議定書を受諾（批准）してから30日後に加盟の効力が生じることとなる。

　なお，WTOからの脱退も可能である。脱退は，WTOが書面による脱退の通告を受けてから6か月後に効力が生じることとされている。

　GATTの時代と比較しながらWTOの主な特徴をあげると次のようになる。まず，協定の受諾に関しては，GATTは全加盟国に適用される一方，東京ラウンド・コードなど，GATT以外の協定を受諾するかどうかは加盟国の裁量に委ねられていた。WTOでは，**一括受諾方式**（「シングル・アンダーテイキング」とも呼ばれる）が採用されたため，加入したい国のみが参加する複数国間貿易協定（政府調達協定，民間航空機貿易協定がある）を除き，加盟国はWTO設立協定とそれに附属する多角的貿易協定を受諾することになる。また，GATTは物品貿易を規律対象としていたが，WTOではGATTに加えて，サービス貿易，知的財産権についても規律対象とし，そのためのルールを有している。機構面では，GATTは形式的には協定であったが，WTOは正式な国際機関である。加えて，WTOでは紛争処理手続が強化されたことも特徴的である。たとえば，常設の上級委員会が設置され，パネル報告に含まれる法的判断に不服がある場合には，申立国・被申立国ともに上級委員会に上訴できるようになっている。また，パネル報告も上級委員会の判断（上級委員会報告）も，全加盟国がそれを採択することで「勧告」となり，被申立国にはこれに従う義務が生じるが，GATTではコンセンサス方式で採択の可否が決定されていたため，被

申立国が採択に賛成せず，報告が採択されないこと（報告の採択のブロックと呼ばれる）があった。WTOでは，コンセンサスで反対しない限り決定されるという方式（**ネガティブ・コンセンサス方式**）が採用されたため，採択はほぼ自動的に行われるようになっている（⇒第10章参照）。

3　RTAの興隆

(1)　RTAの現状

　地域貿易協定（RTA）とは，一般的には二国間，複数国間，または地域間において貿易自由化などの経済的な統合を目指して締結される協定である。そこで，WTOのように多国間で貿易の自由化を目指すという**多国間主義**と異なり，RTAは**地域主義**の一端に位置づけられるといえる。多国間主義に反するこのような地域経済統合がWTO体制上許容されているのは，後述するように，貿易や経済活動に有益な面も認められるためである。特に，FTAや関税同盟のようなRTAは，域外に対しては差別的であるという点で，WTO体制の基本原則である最恵国待遇原則に合致しないため，WTO協定上は，一定の要件を満たした場合にのみ認められる。

　RTAのなかでも，近年，特に世界的な関心が高まっているのがFTAという形態の協定である。FTAは，1990年代以降に著しい増加をみせ，発効済のもので300件超に達している（2019年7月末時点）。1980年代までは，10年で10件に満たなかったFTAの締結件数は，1990年代以降，加速度的に伸びている。本章冒頭で触れたように，この流れは2010年以降，メガFTAとも広域FTAとも呼ばれる試みへと進んでいる。

　WTO協定が規律対象としているRTAは，FTAと**関税同盟**である（厳密にいえば，これらに加えてFTAや関税同盟を形成する中間段階としての中間協定も規律対象であるが，本書では省略する）。たとえば，既存のRTAの中で主要なものとして，欧州連合（**EU**，欧州28か国が参加），北米自由貿易協定（**NAFTA**，米国，カナダ，メキシコ3か国），南米南部共同市場（MERCOSUR：メルコスール，南米5か国および準加盟5か国）がある。このうち，EUとメルコスールがWTO協定

上の関税同盟に該当し，NAFTA が FTA に該当する。ただし，EU は，市場統合を進めており，一部では単一通貨ユーロも導入している。そこで EU は，関税同盟よりも，統合の程度は明らかに進んでいる形態であるが，WTO 協定で規律されるのは関税同盟の部分である。

また，NAFTA は，トランプ政権下の米国で再交渉されて米国・メキシコ・カナダ協定（USMCA）となり，発効が目指されているところである。以上のほか，近年では，TPP 協定が包括的かつ先進的な FTA の代表例である。日本については，日欧 EPA が発効しているほか，米国との間でも貿易協定が署名済である。

WTO 協定上，FTA と関税同盟は，次のように定義されている。まず，関税同盟は，GATT 上，「関税その他の制限的通商規則」を「同盟の構成地域間の実質上のすべての貿易，又は少なくともそれらの地域の原産の産品の実質上のすべての貿易」について廃止し，かつ，「同盟の各構成国が，実質的に同一の関税その他の通商規則をその同盟に含まれない地域の貿易に適用」するために，並存する複数の関税地域を「単一の関税地域」に置き換えるものである（GATT24条8項）。つまり，関税同盟を形成すると，その構成国の間で関税などの貿易障壁の削減・撤廃を行うのに加えて，域外に対して共通の関税・通商政策をとることになる。

これに対して，FTA とは，関税その他の制限的通商規則がその構成地域の原産の産品の構成地域間における実質上すべての貿易について廃止されている二以上の関税地域の集団，である（24条8項）。端的にいえば，FTA は，域内関税などの貿易障壁の削減・撤廃を行っていくものである。

FTA と関税同盟の主な相違は，関税同盟では対外的に共通の関税・通商政策をとる必要があるという点である。図表2-4は，関税同盟と FTA について域外国との関係を単純化して示したものである。A，B，C 国が関税同盟を形成すると域内の関税は原則として0％となるが，域外 D 国に対しては，3か国が共通の関税率およびその他の通商規則を適用するということになる。他方，A，B，C 国が FTA を締結した場合には，域内の関税が原則として0％となる点は関税同盟と同じであるが，域外 D 国に対しては各国が独自の関税

図表2-4　関税同盟とFTAの相違

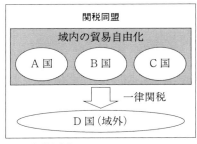
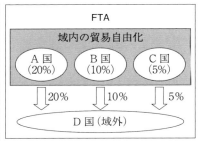

（出所）筆者作成。

率・通商規則を適用することとなる。

(2)　FTA の意義

① FTA の締結要因

　近年，FTA が多数締結されている背景には，経済的な要因や，安全保障を含む政治的要因などさまざまな理由が存在している。経済的要因としては，域内貿易の自由化を通じて，自国産業の市場を確保し，輸出機会を拡大することがあげられる。FTA の締結は，域内貿易の自由化を意味するので，原則として関税や数量制限などの貿易障壁を域内で撤廃することになる。そこで FTA 締結国間では貿易が拡大する一方，域外から輸入される産品は，依然として貿易障壁に直面するので不利となる。地域経済統合から排除されると，自国企業は市場機会を喪失することにもつながる。たとえば，A 国に対して B 国，C 国が同じ産品を輸出している場合，A・B 国間で FTA が締結されれば，B 国の輸出には関税がかからない一方，C 国の輸出には A 国の関税がかかることになり，A 国市場において C 国産品は競争上劣位に置かれる。

　こうした FTA の貿易に対する影響については，伝統的に**静態的効果**と**動態的効果**とが指摘されている。静態的効果とは，地域内における関税撤廃などにより域内の貿易量が増加するといった直接の影響が生じる効果を意味し，**貿易創出効果**と**貿易転換効果**とがある。貿易創出効果は，域内の貿易障壁の削減・撤廃によって，域内の輸出入が拡大し，市場が活性化・拡大することにより域

外からの輸入も創出されるという効果である。他方，貿易転換効果とは，域内で貿易自由化が行われることによって，域外からの輸入が域内の輸入に転換される効果をさす。たとえば，A国に対してB国，C国が輸出を行っていた時に，C国の産業は生産性が高く，より品質の良い製品をA国に輸出していたにもかかわらず，A・B国間でFTAが形成されると，C国産品はB国産品よりも高い貿易障壁に直面することとなり，B国産品からの輸入に転換されてしまうという状態である。

　動態的効果とは，地域内の直接投資の拡大が国内の経済成長につながるといった間接的な効果をさす。国内の経済成長は，域内の貿易障壁の削減・撤廃による市場拡大や競争促進などを通じた生産性の上昇と，域外からの資本流入などを通じた資本の蓄積という経路で達成されるといわれる。

　こうした効果をもつと指摘される地域経済統合が，貿易にどのような影響を与えるかについては，その統合がどのような内容で締結されているかという協定内容や，締結国の市場規模，所得水準，技術水準，産業の構造，消費者の選好などによって異なる。統合によって対外的に貿易障壁を高めることになると地域経済統合の消極的な効果が積極的な効果を上回ってしまうことになる。WTO協定上，FTAに対して一定の条件が課されているのは，そうした事態を防ぎ，FTAが世界規模での貿易の拡大につながることを目指しているためであるといえる。

　FTAは，国内経済の構造改革に用いられる場合もある。貿易障壁を削減・撤廃して自国市場を対外的に開放しようとすると既得権益者からの抵抗が生じることも多く，自発的に行うことが困難である。その主たる例として，農業分野があげられる。農業分野は各国ともに保護対象としており，日本もその例外ではない。しかし，FTAを締結すれば，外国との約束という「外圧」により自国市場の開放が進み，国内競争が促進されうる。その結果，経済効率が高まって経済成長にもつながりうる。

　FTAを締結する政治的理由としては，FTAによって国家間の関係を深め，安全保障に役立てることがあげられる。たとえば，資源やエネルギーの確保という観点から，石油などの天然資源が豊富な国とFTAを締結する場合がこれ

にあたる。また，FTA や関税同盟の締結により，国際的な影響力の強化が目指される場合もある。たとえば，初期の EU（結成当初は，欧州経済共同体（EEC））の結成には，冷戦のもとで旧ソ連などの共産圏に対する政治力強化という側面があった。

② FTA の特性

　近年では，WTO における多国間交渉が停滞していることも，各国の FTA 締結の大きな要因となっている。FTA は交渉参加国が少ないため，WTO に比べて合意形成を迅速に行うことができるからである。加えて，WTO 協定が直接規定しない環境，投資，競争などの分野（いわゆる「**WTO プラス**」）を含めることも可能である。たとえば，日本の締結した EPA（WTO の分類では FTA にあたる）の多くに含まれるようなビジネス環境の整備（相手国で活動する自国企業のためのビジネス環境整備確保を求める内容）も，直接投資を促進する効果が見込まれるものであり，FTA ならではの試みといえる。また，WTO では合意が難しい分野を，自国が締結する FTA に積極的に取り込み，そのような FTA の数を増やしていくことによって，自国の求めるルールを事実上の国際的ルールとして形成していくという効果（ルールのデファクトスタンダード化）も期待できる。このように，WTO と比較した場合，FTA には意思決定の速さや，ルールのデファクトスタンダード化が可能であるといったメリットがある。

　では，FTA が WTO を代替することが可能かといえばそうではない。WTO という多国間の枠組みを用いて，より有効に対処し得る貿易問題は存在する。たとえば，貿易歪曲的な補助金（⇒第6章4参照）が世界貿易に与える負の影響に対して，一部の国だけで締結された協定でもって対応することには限界がある。また，圧倒的な経済力を有する国が FTA を締結する場合には，経済力は強固な交渉圧力として FTA の相手国に作用するであろう。経済力にとどまらず，安全保障がかかわる場合には，なおさらである。すなわち，大国と FTA を締結する場合には，大国との力関係が交渉や協定の内容に影響を及ぼしうるということである。もちろん，WTO でも，従来，四極と呼ばれる先進国が交渉をリードしていた構図などを想起すれば，そうした面が全くないと

はいえないものの，多国間の枠組みに基づけば大国に対して複数の国と共に対抗することが可能である。さらには，FTAとはつまるところ，相互にメリットがある国同士の協定であり，そうしたメリットに欠ける国は周縁化されていくことになる。たとえば，後発開発途上国の中には，FTAを締結する誘因をもたない国もあるだろう。これらの国々は，すでに網の目のように存在しているFTAのネットワークから取り残されてしまうこととなる。他方，WTOではこれらの国々も加盟国として貿易自由化の恩恵を受けることが可能である。

FTAに比べてWTOが圧倒的な優位性を有しているのは，紛争処理手続である。WTOの紛争処理手続は，WTO発足以来，加盟国に活発に活用されており，これまでの個別紛争の判例の蓄積により，判例法を通じた貿易ルールの精緻化と体系化が促進されている。こうした発展は，貿易紛争が生じた場合の予見可能性を高めている。また，この紛争処理手続こそ，ある国の貿易ルール違反などの行為に対して多数国で是正・撤廃の圧力をかけうる多国間ならではの仕組みである。

上述したように，FTAは，WTO協定が定める一定の要件を満たした場合にのみ認められる。また，WTO協定の考え方に整合的であることが前提である。この意味で，WTOは，FTAにとって基本法であるといえる。世界に存在するFTAを見ても，WTO協定の内容を包含しつつ，さらに自由化を進めたり，WTOプラスと呼ばれる追加的な要素を加えたりするものが多い。つまり，WTOとFTAにはそれぞれの特性があり，両者は代替的ではなく，相互補完的な関係なのである。

〔考えてみよう〕
・WTOの「コンセンサス方式」は多数決とどう異なるか。なぜコンセンサスによる意思決定が必要とされるのだろうか。
・日欧EPA，TPP協定，日米貿易協定の締結によって，身の回りで何が変わるだろうか。
・FTA，WTOそれぞれのメリット，デメリットは何だろうか。

第 3 章

物品貿易に関する基本原則

〈学習のポイント〉
・基本原則にはどのようなものがあるか。
・基本原則はどのように貿易自由化を促すか。
・基本原則に例外があるのはなぜか。

1 物品貿易の自由化を促すための基本原則

(1) WTO の基本原則

　GATT は，物品貿易の自由化を実現するための 4 つの基本原則を定めている。

　1 つめの基本原則は，**数量制限禁止原則**である。輸出や輸入の数量を制限したり，輸出や輸入を完全に禁止したりすることなどは，原則として禁止されている。

　2 つめは，**関税の 譲 許**である。関税の譲許とは，加盟国が課すことのできる関税の上限についての約束で，約束した関税率（譲許税率）よりも高い関税を課すことは認められない。厳密には，関税の上限について約束すること自体を義務づける「関税譲許原則」のようなものはない。ただ，一定程度関税譲許をしなければ，WTO に加盟したり WTO における貿易自由化交渉に参加したりすることはできない。したがって本書では，関税譲許も基本原則の 1 つとして扱う。

　3 つめは，**最恵国待遇原則**である。これによれば，一部の加盟国から輸入される産品に他の加盟国から輸入される産品よりも高い関税を課すことや，反対に，一部の加盟国から輸入される産品に対してのみ有利な待遇を与えることな

どは原則として認められない。

　4つめは，**内国民待遇原則**である。これによれば，輸入産品に，国内産品より高い税金を課したり，国内産品より不利な法令を適用したりすることは原則として認められない。

(2)　基本原則の意義と例外

　上で述べた基本原則は，物品貿易の自由化を実現するためのものではあるが，直接的には貿易の機会を保障するための義務であって，貿易の結果（結果としての貿易量の増加）を保障するものではないことに留意する必要がある。すなわち，GATT によって数量制限の禁止や関税譲許を義務づけることは，輸出や輸入が増えるチャンスを与えるが，実際に輸出量や輸入量が増えるかは，実際に企業が輸出入を行うかどうかや，消費者が輸入品を購入するかどうかによって左右される。たとえば，日本は輸入乗用車に対する関税を全廃しているが，輸入乗用車が日本の乗用車販売台数に占めるシェアは1割程度にとどまっている。これは，GATT に基づく関税譲許によって貿易の機会を保障しても，実際の貿易拡大に結び付くわけでは必ずしもないことを示唆している。

　また，4つの基本原則には，いくつかの例外が認められている。例外が認められるのは，おおむね次の2つの場合である。1つは，基本原則の例外を認めた方が物品貿易の自由化が促される場合である。具体的には，FTA と関税同盟が最恵国待遇原則の例外とされることがこれに相当する。もう1つは，国家や国際社会の貿易以外の利益や価値を保護するためには物品貿易の自由化が望ましくない場合である。GATT が4つの基本原則によって物品貿易の自由化を目指しているのは，自由化が基本的には国家や国際社会の利益になるという前提に立っているためであるが，そのような前提が成り立たない場合には基本原則の例外を認めている。そのような例外には，4つの基本原則に共通して認められる一般的な例外もあるが（⇒第4章2および3参照），それぞれの基本原則ごとに定められる個別の例外もある。

　以下では，4つの基本原則それぞれについて，意義および内容と，それぞれについての例外を解説する。

2 数量制限禁止原則

(1) 意義と内容

GATT は，数量制限を原則として禁止している（GATT11条1項）。これは，数量制限の貿易を妨げる効果が，関税のそれと比べて非常に大きいと考えられているためである。禁止される数量制限には，輸出入を一切禁止する措置のほか，各企業などの輸出入の数量に上限を設ける**割当制度**などが含まれる。また，輸出入に必要な許可を与えないことも，数量制限とみなされうる。

たとえば日本は，ある種の水産物について資源保護などの観点から輸入割当制度を設けているが，このような制度は数量制限に相当するとみなされる。また，武器や軍事転用される恐れのある物品を輸出しようとする場合は原則として経済産業大臣の許可を得ることが求められるが，輸出の許可が与えられない場合には数量制限とみなされうる。ただし，これらの措置は GATT20条の一般的例外や GATT21条の安全保障例外によって正当化される余地がある（⇒第4章2および3参照）。

(2) 例 外

GATT の数量制限禁止原則には，いくつかの例外が認められている。

まず，食糧など輸出国にとって不可欠の産品が危機的な不足に陥っている場合やそのような不足に陥る恐れがある場合には，そのような産品の輸出を一時的に制限することが認められる（GATT11条2項(a)）。この例外は，主として輸出国の食料安全保障のために認められたものであるが，濫用されると日本のような食料輸入国の食料安全保障を脅かす恐れもあり，日本などはこの例外が安易に用いられるべきではないと主張している。

この例外についてはまた，何が「不可欠の産品」かや，産品が「危機的な不足」に陥っているかについて，加盟国間で争いが生じることもある。たとえば中国の鉱物資源の輸出制限については，WTO 紛争処理手続において，問題となった鉱物資源が「不可欠の産品」であることは認められたが，輸出制限が

「危機的な不足」を防止したり緩和するための一時的な措置だとは認められなかった（中国のレアアース輸出制限事件）。

　次に，途上国の幼稚産業保護や国際収支擁護のために輸入数量制限が例外として認められることもある。ただし，今日ではこのような輸入数量制限はほとんど用いられていない。

　また，輸入によって国内産業が重大な損害を被っている場合などに，輸入国はその産業を立て直すために**セーフガード**と呼ばれる一時的な数量制限措置を発動することが認められている（⇒第6章2参照）。

　このほか，GATT 以外の WTO 協定によって認められる例外もある。たとえば農業協定は，農産品の貿易について，一定の条件を満たす場合には，数量制限を維持することを特例として認めている（⇒第7章3(2)参照）。

3　関税の譲許（関税の引き下げ）

(1)　意義と内容

　関税は，通常，輸入国が輸入品に対して課す税金を意味する。

　関税にも貿易を制限する効果があるが，数量制限よりは貿易制限効果が小さいと考えられている。また，政治的，経済的，社会的な状況から，関税によって一定程度国内産業を保護することを認めるべき場合もある。さらに途上国の中には，関税を重要な財源としている国もある。このような事情があることから，GATT は関税を禁止しているわけではない。

　ただ，あまりにも高い関税が課せられれば，物品貿易が著しく妨げられる恐れがある。そこで GATT は，関税譲許，すなわち課すことのできる関税の上限について約束することを加盟国に求めている。加盟国が，従来課していた関税率よりも低い関税率を上限として約束することで，関税の引き下げが実現される。加盟国は，約束した関税率（**譲許税率**）よりも低い関税を課すことはできる（実際に適用されている関税率のことを「実行税率」という）が，譲許税率よりも高い関税を課すことは原則としてできない（GATT2条1項）。また，WTO に新たに加盟する場合や WTO において物品貿易の自由化交渉に参加する場合

には，関税譲許の範囲を拡大したり（すなわち関税の上限を約束する産品の数を増やす），譲許税率を引き下げたり（関税を撤廃することを含む）することが求められる（GATT28条の2）。

　さらにFTAなどを締結する場合には，譲許税率をWTOで約束したものよりも引き下げることや，追加的な産品について関税を撤廃することを約束する。中にはTPP協定のように，原則としてすべての産品について関税撤廃を求める「野心的」なFTAもある。

　なお，この章で扱うのは輸入の際に課せられる輸入関税であるが，途上国の中には財源確保などを目的として輸出の際に関税（**輸出税**）を課すものもある。輸出税は，WTO協定においては削減や撤廃の対象となっていないが，一部の加盟国のWTO加盟議定書やFTAにおいて削減や撤廃が約束されている。たとえば日本は，シンガポール，メキシコ，スイスなどと締結したFTAにおいて輸出税を禁止しているほか，フィリピンと締結したFTAにおいては輸出税を撤廃する努力をするよう求めている。

　関税の削減（譲許税率の引き下げ）や撤廃にはさまざまな方式がある。たとえば**リクエスト・オファー方式**では，一方の国が他方の国に対してある産品についての関税の削減に関するリクエストをし，リクエストを受けた他方の国はどの程度関税を削減できるかをリクエストした国に提示（オファー）する。このようなリクエストとオファーがさまざまな産品についてさまざまな国の間で繰り返される中で，関税譲許についての合意が形成される。また**フォーミュラ方式**では，現行の譲許税率をもとに関税削減幅が自動的に計算されるようなフォーミュラ（公式）を用いてどの程度関税を削減するかが決定される。フォーミュラ方式が用いられる場合には，どのようなフォーミュラを用いるかについての交渉が重要になる。これらの方式に基づき合意された譲許税率は，加盟国ごとの**譲許表**（じょうきょひょう）（それぞれの産品について関税の上限を記載したリスト）にまとめられる。

　このほか特定の産品について，関税を一律撤廃する方式が用いられることもある。特にパソコンや携帯電話などの情報技術関連産品については，多くのWTO加盟国が追加的な協定である**情報技術協定（ITA）**に参加し，関税の撤廃

COLUMN ④：電子商取引と物品貿易原則

　最近は，多くのものがインターネット上で取引されている。インターネット上で注文したものであっても，目に見える物品として輸出や輸入される場合には，物品貿易に関する基本原則が適用される。たとえば外国のウェブサイト上で映画のDVDを注文し支払いをした場合でも，最終的にはDVDという物品が輸入されるので物品貿易に関する基本原則が適用される。では，外国のウェブサイトから音楽をダウンロードするなど，目に見えないデータとして輸出や輸入される場合はどうであろうか。

　2019年1月のWTO非公式閣僚会議の共同宣言では，電子商取引（インターネット取引）の貿易関連側面に関するWTO交渉を開始する意思が確認され，現在交渉開始のための探究的作業が行われている。しかし，電子商取引の扱いをめぐる各国の立場の隔たりは大きい。

　これまでに唯一合意されたのは，電子送信（目に見えないデータとしての輸出入）に対しては関税を課さないという慣行を当面は維持すること（関税不賦課のモラトリアム）である。モラトリアムは，1998年5月にWTO閣僚会議で「グローバルな電子商取引に関する閣僚宣言」が採択されて以降，今日まで継続されている。しかし，インドや南アフリカなどはモラトリアムの継続に反対しており，今後の見通しは不透明である。

に合意している。ITAの対象産品を拡大するための交渉が妥結し，2017年5月に日本は拡大対象産品の関税を撤廃している。また2014年7月には，再生可能エネルギー関連物品など環境物品の関税を削減・撤廃する新たな合意形成のための交渉が始まったが，妥結していない。なお，インターネットを通じたデジタルコンテンツの貿易については，関税の対象としないことが一部のFTAで確認されている（⇒COLUMN④参照）。

　WTOやFTAにおいては，以上のような方式を通じ，関税を漸進的に，すなわち少しずつ削減し撤廃することが目指されている。また，以上の方式を通じた関税の削減や撤廃は，原則として「相互的かつ互恵的」に行わなければならないとされる。すなわち，一部の国のみが関税の削減や撤廃の義務を負ったり，反対に一部の国のみが関税の削減・撤廃による利益を得たりするのではな

く，すべての国が関税の削減や撤廃を行い，それによってすべての国が同様に利益を得られるようにすることが目指されている。

　これまでの関税削減・撤廃交渉の結果，先進国は，鉱工業品についての関税を相当程度削減または撤廃している。たとえば日本の鉱工業品に対する平均譲許税率は，1.5％となっている。また，実際にはWTOで約束した譲許税率よりも低い関税率（実行税率）を適用している産品もある。他方で途上国については，鉱工業品の関税も未だに高関税にとどまっている。ドーハ・ラウンドの**非農産品市場アクセス交渉（NAMA交渉）**においては，さらなる関税の削減や撤廃が議論されていた（⇒農産品の関税については第7章3(2)参照）。

(2) 例　　外

　関税譲許を行った産品であっても，一定の場合には，約束した上限よりも高い関税を課すことが例外として認められる。

　たとえば加盟国は，利害関係国と合意する場合には，関税譲許を修正したり撤廃したりして関税を引き上げることが認められる（GATT28条）。その場合には，別の産品について追加的な関税譲許を行うなどの補償を行うことが求められる。また，ダンピング（不当廉売）と呼ばれる輸入や補助金交付を受けた輸入によって国内産業が損害を被っている場合は，輸入国は譲許税率を超えて追加的な関税（**アンチダンピング措置**や**補助金相殺措置**）を課すことができる（⇒第6章3および4参照）。

4　最恵国待遇原則

(1) 意義と内容

　最恵国待遇原則は，ある国のある産品に与える最も有利な待遇を，他のすべてのWTO加盟国の同じ産品にも与えるよう加盟国に義務づける（GATT1条1項）。たとえばラウンドにおいて，リクエスト・オファー方式に基づき特定の二国間である産品の関税譲許についての合意が成立した場合，二国間で合意された関税譲許は，最恵国待遇原則に基づき他のすべての交渉国（WTO加盟

国）の同じ産品にも適用されなければならない。なお，最恵国待遇により一部の国の間で合意された貿易自由化（関税譲許）の利益が他のすべての加盟国にも同様にもたらされることを，**利益の均霑**<rp>（きんてん）</rp>という。GATT の最恵国待遇原則は，利益の均霑を受ける加盟国に対して見返りを提供するなどの条件を付けることを認めないことから，**無条件最恵国待遇原則**といわれる。

　GATT の最恵国待遇原則はまた，すべての WTO 加盟国の産品に同様の待遇を与えることを義務づける原則であることから，**無差別原則**といわれることもある。たとえば，法律で特定の加盟国の産品を名指しして他の加盟国の産品よりも不利に扱うこと（**法律上の差別**）は，当然に最恵国待遇原則の違反となる。また，法律上あからさまに特定の加盟国の産品を差別しているわけではなくとも，特定の加盟国の産品が他の加盟国の産品よりも不利に扱われるような結果を招いている措置（**事実上の差別**）も，最恵国待遇原則の違反とみなされうる。

　最恵国待遇原則は，物品貿易に関する基本原則であるのみならず，多角的貿易体制としての WTO を支える基礎としても重要である。第 2 章で述べたように，第二次世界大戦後の貿易体制の構築においては，経済ブロック化の再来を防ぐことが最大の課題とされた。WTO は，単に多数の国が加盟する多数国間協定であるだけではなく，特に物品貿易については最恵国待遇原則に基づきすべての WTO 加盟国に同様のかつ最も有利な待遇を与えるよう義務づけることで，安定的な多角的貿易体制となっているのである。

　最恵国待遇原則に関する貿易紛争としてよく知られているものに，EC バナナ事件がある。この事件で問題となったのは，欧州共同体（EC）（現在の欧州連合（EU））がかつての植民地であったアジア，カリブ海，太平洋（ACP）の諸国との間の貿易を促進するために締結したロメ協定に基づき導入した輸入制度であった。具体的には，ACP 諸国から輸入されるバナナに対して，それ以外の WTO 加盟国から輸入されるバナナよりも有利な輸入割当量を適用した。これは，途上国である ACP 諸国からのバナナの輸入を促進しようとしたものである。しかし，バナナの生産国であるラテンアメリカ諸国や，チキータやドールといったバナナ生産者を抱える米国は，EC のバナナ輸入制度が最恵国

待遇原則に違反するとして，WTO紛争処理手続において申立てを行った。WTO紛争処理手続においては，EUの輸入制度が最恵国待遇原則をはじめとするWTO協定の義務に違反すると認定された。

　WTOにおいて，最恵国待遇原則は最も重要な基本原則の1つとして位置づけられているのに対し，FTAにおいては物品貿易についての最恵国待遇原則は通常挿入されない。また，FTAにもとづく物品貿易の自由化は，GATTの最恵国待遇原則の例外ともされている。したがって，あるFTAの締約国が当該FTAに基づき関税譲許を行う場合，その関税譲許は当該FTAの他の締約国に対してのみ適用され，その他のWTO加盟国には適用されない（⇒第2章3参照）。

(2) 例　外

　最恵国待遇原則には，主として2つの例外がある。

　1つめは途上国に対する例外で，たとえば途上国から輸入される産品に対してのみ低い関税（**特恵関税**）を適用したり無関税としたりすることは最恵国待遇原則の例外として認められる（⇒第12章2(2)参照）。

　2つめは**地域貿易協定（RTA）**に対する例外である。RTAには，**自由貿易協定（FTA）**と**関税同盟**がある（⇒第2章3参照）。RTAは，RTA締約国域内における貿易を増やす効果（貿易創出効果）がある反面，RTA非締約国との貿易を減らす効果（貿易転換効果）があるとされる。GATTは，貿易創出効果が貿易転換効果を上回るRTAは貿易の自由化を促すとの前提に立ちつつ，特にFTAについては，2つの要件を満たす場合には最恵国待遇原則の例外として認めている。2つの要件とは，「関税その他の制限的通商規則」がFTA締約国間の「実質上のすべての貿易について廃止」されていることと，FTA締約国以外の国との貿易に対して関税などの貿易障壁をFTA締結前より高くしないことである（GATT24条5項および8項）。関税同盟については，これらに加えて，同盟参加国が非参加国との貿易に対して「実質的に同一の関税その他の通商規則」を適用することも求められる（GATT24条8項）。ただし実際には，締結されたRTAがこれらの要件を満たしているかの審査が厳密に行われてい

るとはいえない。

ところで，途上国やFTA締約国からの輸入産品に対し，他の国からの輸入産品よりも有利な関税上の待遇を与えている場合には，輸入産品の原産地を特定し，その産品が特恵待遇の対象となる途上国やFTA締約国を原産地としているか否かを判断しなければならない。輸入産品が途上国やFTA締約国を原産地としていないと判断された場合には，特恵待遇は適用されない。産品の原産地を認定するためのルールのことを，**原産地規則**という。原産地規則の内容は，品目などによっても異なるが，鉱工業製品については，原材料から完成産品への実質的な変更が行われた国を原産地とみなすことが多い。たとえば，関税分類番号を変更させるような加工や生産がなされた国や，一定以上の付加価値が加えられた国を，実質的な変更が行われた国とみなす。

原産地規則は，規則の内容などによっては貿易自由化の効果を損なう恐れがある。たとえばある産品についてFTAに基づく特恵待遇を得るためには，当該FTAの原産地規則に基づきその産品の原産地が当該FTA締約国であることを証明しなければならないが，FTAはそれぞれ独自の原産地規則を定めることが少なくない。さまざまなFTAの原産地規則を理解したうえでそれぞれの規則に基づき原産地を証明することは容易ではなく，FTAに基づく特恵待遇をあきらめる企業もある。

また**TPP**協定においては，衣料品などの繊維製品について，原則として，裁断や裁縫のみならず，製糸もTPP域内において行われた場合に限り，TPP協定に基づく特恵待遇の対象とされる。したがって，たとえばベトナムで裁断し裁縫された繊維製品であっても，TPPには加わっていない中国から輸入された糸が使われている場合には，TPP協定に基づく貿易自由化約束の対象とされない恐れがある。

5　内国民待遇原則

(1)　意義と内容

内国民待遇原則は，国内の税金や法令について，輸入産品に国内産品と同様

の待遇を与えることを加盟国に義務づける（GATT3条）。数量制限禁止原則や関税の削減・撤廃が国境において貿易を妨げる障壁を取り除く手段であるとすれば，内国民待遇原則は輸入国の国内において貿易を妨げるものを取り除く手段である。というのも，数量制限禁止原則や関税の削減・撤廃によって国境における貿易障壁が取り除かれても，輸入国の国内において輸入産品に差別的な法令や税金が適用されれば，数量制限禁止原則や関税の削減・撤廃による貿易自由化の効果は失われてしまう。国内における差別的な法令や税金は，「**隠れた保護主義**」とも呼ばれ，しばしば貿易紛争の原因となっている。内国民待遇原則は，国内における輸入産品に対する差別的な待遇を禁止することで，物品貿易の自由化を下支えしている。

　GATT の内国民待遇原則は，国内の税金と税金以外の法令のそれぞれについて，若干異なる規則を定めている。

　まず法令について，輸入産品に対し，輸入産品と「同種の」国内産品（**同種の産品**）よりも不利な待遇を与える法令を定めたり適用したりすることは，内国民待遇原則の違反とみなされる（GATT3条4項）。法令上輸入産品をあからさまに差別しているもの（法律上の差別）のみならず，法令上明示的に差別していなくとも事実上輸入産品に対して差別的な結果を招いているようなもの（事実上の差別）も認められない。たとえば，国内産品を輸入産品よりも優先的に購入するインセンティブを国内業者に与える法令は，事実上の差別をしているとして内国民待遇原則違反とみなされる。

　次に税金については，国内産品が，輸入産品と「同種の産品」か「**直接的競争産品又は代替可能産品**」（GATT 附属書Ⅰ：3条2項について）かでルールの内容が異なる。国内産品が輸入産品と「同種の産品」とみなされる場合には，輸入産品に対する税金が同種の国内産品に対する税金よりもわずかでも高ければ，内国民待遇原則違反とみなされる（GATT3条2項1文）。他方で，国内産品が輸入産品と「同種の産品」とまではいえないが，「直接的競争産品又は代替可能産品」とはみなされる場合には，輸入産品に対する税金が，「直接的競争産品又は代替可能産品」とみなされる国内産品に対する税金よりも高くかつ「国内生産に保護を与えるように」適用されている場合にのみ，内国民待遇原

則違反とみなされる（GATT3条2項2文）。たとえば日本の酒税事件では，日本が，ウォッカやウィスキーといった輸入酒に対し，焼酎よりも高い税率の酒税を課していたことが内国民待遇原則に違反するかが問題となった。WTO紛争処理手続においては，ウォッカが焼酎と「同種の産品」である一方，ウィスキーなどは焼酎と「直接的競争」または「代替可能」な関係にある産品であるとみなされたうえで，ウォッカやウィスキーに対して焼酎よりも高い酒税を課していることは内国民待遇原則に違反すると結論された。

　ところでこれまでの内国民待遇原則をめぐる紛争では，何が「同種の産品」にあたるかがしばしば主要な争点となってきた。一般的に，国内産品が輸入産品の「同種の産品」であるか否かは，それぞれの産品の物理的特性，最終用途，消費者のし好および習慣，関税分類を考慮して，ケース・バイ・ケースで判断されなければならないとされるが，その判断は容易ではない。特に外見や機能が同じであっても環境や人体に与える影響が異なる産品については，「同種の産品」とみなすべきかが問題となりうる。

　これについて，産品の「**生産工程・生産方法（PPM）**」が環境などに与える影響が異なる場合であっても，当該産品自体の物理的特性などが同一と認められる場合には，「同種の産品」と判断される傾向にある（⇒第4章2(3)参照）。したがって，たとえば木を新たに伐採して生産された輸入紙と古紙をリサイクルして作られた国産紙は，紙の生産方法が環境に与える影響は異なるとしても，紙という産品自体の物理的特性や用途などは同じであるとして，「同種」とみなされる可能性が高い。

　他方で，産品の用途が同一であっても，産品自体の人体などに与える影響が異なる場合には，「同種の産品」ではないと判断される可能性がある。これについてたとえばアスベスト事件においては，フランスがアスベストを含むセメントなどの生産や販売を禁止したことに対して，カナダはアスベストを含む輸入セメントなどに対する差別であると主張した。本件について，WTO紛争処理手続では，アスベストが発がん性を有するという点が強調され，アスベストを含まない（国内）産品はアスベストを含む（輸入）産品と「同種」ではなく，後者についてのみ生産や販売を禁止することは差別ではないとの結論が出された。

(2) 例　　外

　GATT の内国民待遇原則については，いくつかの例外が認められている。

　主な例外として，まず，**政府調達**に関する例外がある。加盟国政府が物品を調達する政府調達においては，国内産品を優先的に調達することが認められる。これは，政府調達が国内産業育成の手段として用いられる場合があることや，安全保障上の理由から調達品を国内産品に限定する必要があることなどを配慮したためである。ただし，政府調達の市場規模は大きく，これをすべて内国民待遇原則の例外としてしまうと，貿易自由化の効果が薄れてしまう恐れもある。そこで WTO 加盟国の一部は，複数国間協定として政府調達協定を締結し，その中で指定された政府機関または政府関連機関による一定額以上の調達について，内国民待遇を与えることを約束している。2014年4月には，従来の政府調達協定の適用対象を拡大する新政府調達協定が発効している（⇒第9章2(2)参照）。このほか，FTA において政府調達に関する追加的な規則が定められることもある。

　次に，**補助金**についても内国民待遇原則の例外として認められており，加盟国政府は国内生産者のみに補助金を与えることができる。これは，補助金が国内産業育成などさまざまな国の政策を実現するために用いられることに配慮したためである。ただし，補助金は国内産品の競争力を高めることで，外国産品との競争関係をゆがめる恐れがあるため，補助金協定は，歪曲効果の大きい補助金を禁止したり，外国が交付した補助金の歪曲効果によって自国の国内産業に損害を被った国が救済措置をとることを認め規定を置いたりしている（⇒第6章4参照）。

〔考えてみよう〕

・WTO や税関のホームページを使って，いろいろな物の関税率を調べてみよう。

・本文でも述べたように，内国民待遇原則は，貿易紛争で問題となることが多い。どのような紛争があるか，調べてみよう。

・身近な物を例に，「同種性」が認められるか考えてみよう。たとえばガソリン車と電気自動車とは同種か，国産のジャポニカ米とタイなどから輸入されるインディカ米とは同種か，産品の物理的特性，最終用途，消費者のし好および習慣，関税分類を踏まえつつ考えてみよう。

第 4 章

グローバル経済体制における原則と例外

<学習のポイント>
・なぜ原則に対して例外が必要なのだろうか。
・WTO や FTA において例外はどのように定められているのだろうか。
・例外をめぐって具体的にどのような争いが生じているのだろうか。

1 「例外のない原則はない」

　すでに検討したように，現在のグローバル経済体制は，数量制限禁止，関税の譲許（関税の引き下げ），内国民待遇および最恵国待遇という 4 つの基本原則に支えられている（⇒第 3 章参照）。

　しかし，**「例外のない原則はない」**という格言が示すように，以上の 4 つの基本原則には多くの例外が存在する。それら例外は，各原則に対する個別の列外と，すべての原則に共通する例外とに区別することができる。本章では後者を扱うが，具体的な検討に入る前に，グローバル経済体制において原則には例外がなぜ必要なのか，その理由について考えておこう。

　4 つの基本原則の目的とは，貿易の自由化，つまり関税や非関税障壁をできる限りなくし，国境を越えて無差別かつ自由にモノ（物品）やサービスが移動できるようにすることであった。その背景には，世界には資源が限られているという事実がある。つまり，貿易の自由化は，限りある各資源を最も上手に利用できる国に配分し，出来上がった生産物を相互に交換することで，世界の人々が豊かになることを目指している（⇒第 1 章 1(4)参照）。

　しかし，国内社会や国際社会には，貿易の自由化以外にも多くの重要な目的や価値が存在する。たとえば，輸入されるモノに有害物質が含まれていること

が判明したとしよう。このとき，国はこのモノの輸入を禁止することができるだろうか。輸入禁止とは輸入数量をゼロにする措置であるから，一見したところ，数量制限禁止原則に違反する（⇒第3章2参照）。しかし，仮に輸入を続ければ，国民の健康を損なう恐れがあるだろう。

　ここで衝突しているのは，貿易の自由化と国民の健康という2つの目的・価値である。WTOが追求する貿易の自由化が，貿易や経済に必ずしも還元されない目的・価値と相反する場合がある。このような非貿易的・非経済的な目的・価値のことを**非貿易的関心事項**と呼ぶ。そこには，健康のみならず，環境保護，人権保障，文化多様性の促進など，多様なものが含まれうる（⇒第14章2(3)参照）。各国は，貿易の自由化と同時に，非貿易的・非経済的な目的を実現するためにさまざまな政策を行っている。

　現在のグローバル経済体制が，貿易の自由化を「原則」として推し進めながら，このような非貿易的・非経済的な価値を「例外」として認めている。仮に例外をまったく認めなければ，各国が非貿易的な価値のための政策をとる余地はなくなる。その結果，国内世論からの反発を受けて，そもそもWTOに加盟しないか，加盟したとしても最終的にWTOから脱退することになりかねない。しかし，逆に例外をあまりに広く認めてしまうと，貿易の自由化は妨げられてしまう。特に，貿易の自由化は国内産業に対して痛みを伴うため，それら産業は自らの製品を例外とするように国に強く求めるだろう。すべての産業が例外扱いを主張すれば，貿易の自由化は直ちに行き詰まってしまう。ここから，どのように原則と例外の間でバランスを取るか，という非常に難しい問題が生じることになる。

　WTOは例外に関する諸規定を定めると同時に，それら規定の解釈を発展させることで，この問題に対処してきた。WTOではさまざまな例外が導入されているが，各原則に対する例外については前章で扱った。そこで本章ではまず，前章で確認した4つの基本原則すべてに共通する3つの例外，すなわち一般的例外，安全保障例外および義務免除（ウェーバー）を検討する。そのなかでも，一般的例外は特に争いの対象となるため，具体的な事例を取り上げて詳細に検討する。続いて，FTAにおける一般的例外および安全保障例外の位置

づけを概観することにしたい。

2 一般的例外

WTO 加盟国は協定上さまざまな義務を負うが，一定の要件を満たすと例外的に義務違反が正当化される場合がある。WTO では，GATT20条で**一般的例外**に関する規定を定め，義務違反が例外として認められる場合と認められない場合を区別している。以下では，同条の意義について，その構造を明らかにしたうえで，貿易と環境をめぐる問題を例に取り上げて検討しよう。

(1) GATT20条の意義

GATT20条の意義を理解するためには，同条が用いられる場面を想定するとよい。WTO 紛争処理手続では，ある国が，他国の措置を WTO 協定に違反していると訴えることが通常である（⇒第10章 2 (2)参照）。たとえば，A 国が，B 国の措置を GATT3条の内国民待遇原則に違反している，と訴えたとしよう。

このとき B 国は，A 国の主張に対して 2 段構えで対応しなければならない。すなわち，①B 国の措置が GATT3条に違反していないということ，②仮に B 国の措置が GATT3条に違反したとしても，例外として認められるということ，という 2 段階である（図表 4-1 参照）。

GATT20条はこのうち，②の正当化の段階で用いられる。GATT20条による正当化が認められるためには，同条が定める要件を満たす必要があるが，それを証明する責任は GATT20条を援用する国，すなわち訴えられた被申立国（＝ B 国）が負う。被申立国は，パネル・上級委員会に対して，自国が GATT20条の諸要件を満たすことを立証しなければならない。

ある措置が WTO 協定上の義務に違反することが明らかな場合，被申立国（＝ B 国）は，違反していないという主張（①）をあきらめ，もっぱらそれが正当化されるとの主張（②）を展開する。その結果，GATT20条の適用が紛争の行方を左右することになり，同条の解釈をめぐってこれまで多くの議論がなされてきた。

図表 4 - 1　紛争の基本的モデル

「GATT 3 条に違反する」

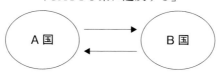

①「GATT 3 条に違反しない」
②「違反したとしてもGATT20条により例外として認められる」

(2)　GATT20条の構造

GATT20条は次のように定めている。少し長くなるが重要なので引用しよう。

GATT20条

この協定の規定は，締約国が次のいずれかの措置を採用することは又は
実施することを妨げるものと解してはならない。ただし，それらの措置
を，同様の条件の下にある諸国の間において恣意的（arbitrary）若しく
は正当と認められない差別待遇の手段となるような方法で，又は国際貿
易の偽装された制限となるような方法で，適用しないことを条件とする。　　　柱書

(a)　公徳の保護のために必要な措置
(b)　人，動物又は植物の生命又は健康の保護のために必要な措置
(c)　金又は銀の輸入又は輸出に関する措置
(d)　この協定の規定に反しない法令（以下，中略）の遵守を確保するた
　　めに必要な措置
(e)　刑務所労働の産品に関する措置
(f)　美術的，歴史的又は考古学的価値のある国宝の保護のために執られ
　　る措置
(g)　有限天然資源の保存に関する措置。ただし，この措置が国内の生産
　　又は消費に対する制限と関連して実施される場合に限る。
(h)～(j)　（省略）　　　各号

　まず確認すべきは，GATT20条が 2 つの部分から成り立っているというこ
とである。すなわち，「この協定の規定……条件とする。」までの前半部分と，
a 号から j 号までの後半部分である。このうち，前半部分を特に**柱書**という。

GATT20条では，同条が定める**要件**を満たすと，WTO協定に違反する措置が

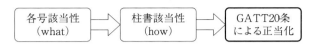

図表4-2　GATT20条の構造

各号該当性（what）→ 柱書該当性（how）→ GATT20条による正当化

正当化されるという**効果**が生じる。したがって，ここで重要となるのは，GATT20条が定める要件とは何か，ということである。この点，各号と柱書にそれぞれ要件が記されており，両方を満たすことではじめて違反措置が正当化される。

　第1に，違反措置は各号の要件を満たさなければならない（**各号該当性**）。まず正当化される措置はa号からj号までの各号の主題を目的としていなければならない。たとえば，g号については，問題となる措置が「有限天然資源の保存」を目的とする必要がある。さらに，各号の主題を目的とする措置のうち，認められるものと認められないものとに区別しなければならない。そこで手がかりとなるのが，各号に規定されている「**必要な**」「**関する**」などの文言である。つまり，問題となっている措置が，本当に目的を達成するために必要なのか否か，または目的と関連しているか否かなどが判断される。

　第2に，違反措置は柱書の要件を満たさなければならない（**柱書該当性**）。この点，柱書を注意深く読むと，措置を「～の方法で適用しないこと」を要件として求めていることがわかる。つまり，各号が措置の内容（what）を規定しているのに対して，柱書は措置が適用される方法（how）を制限することで例外の濫用を防止している（図表4-2参照）。

　以上をまとめると，GATT20条でWTO協定に違反する措置が正当化されるためには，この措置が各号の主題を目的とし，かつ各号が定める要件を満たしたうえで（＝各号該当性），さらにその措置が恣意的もしくは不当な差別の手段となるような態様でまたは貿易に対する偽装した制限となるような態様で適用されていない（＝柱書該当性）ことを，被申立国が立証しなければならない。

(3)　紛争事例——米国エビカメ事件

各号該当性は肯定されたが柱書該当性が否定されたために，20条による正当

化が認められなかった事例も存在する。その例としては，WTOで最も有名な事件の１つである**米国エビカメ事件**を指摘することができる。米国は自国の領海内および公海において，絶滅のおそれがあるウミガメの捕獲を禁止していた。1980年代以降，研究が進むにつれて，ウミガメの減少原因の１つがエビ底引き漁であることが指摘されるようになった。つまり，底引き網によってエビをとる際，ウミガメを誤って捕獲し大量死を招いてしまうのである。

　そこで，米国は，米国領海内でエビ漁を行う際，誤って網に入ったウミガメを逃がす装置（ウミガメ除去装置，TED）を使用することを国内法で義務づけた。さらに，すべてのエビ底引き漁船にTEDの使用を義務づけていない国に対して，エビの輸入を禁止した。このような措置に対して，インド，マレーシア，パキスタンおよびタイが米国を訴え，1998年にパネルと上級委員会による報告が採択された。米国によるエビの輸入禁止は，一見したところ，数量制限禁止原則（GATT11条１項）に違反する。実際，米国も同原則に違反していることは争わず，GATT20条g号による正当化が争点となった。

　上級委員会は，ウミガメが20条g号に定める「有限天然資源」にあたるなど，米国の措置が20条g号の要件を満たすこと（各号該当性）を認めた。他方で，同委員会は，米国がエビ輸出国との間で異なる取り扱いを行っているなど，措置の適用方法に問題があるとして柱書該当性を否定した。その結果，米国の措置は20条によって正当化されず，GATT11条１項に違反すると判示された。

　敗訴した米国はその後，問題となった自国法令は維持しつつ，新たなガイドラインを策定することで，WTO協定との整合性を確保しようとした。すなわち，新ガイドラインでは，輸出国のエビ漁業者がTEDを使用していない場合でも，輸出国の規制が米国による規制と「同等に効果的」であることを条件に輸入を認めることにした。さらに米国は，他の諸国とウミガメ保護のための交渉を進めると同時に，TEDに関する技術支援を行った。

　これに対して，申立国であるマレーシアは，米国がWTO紛争解決機関（DSB）の勧告を真に実施していないとして訴え，パネル・上級委員会によって再度審理がなされた（DSU21条５項手続⇒第10章２(2)参照）。その結果，米国に

よる新たな措置は，GATT20条 g 号についての各号該当性のみならず，今回は柱書該当性も満たし，それゆえ正当化されると判示された。ここにおいてエビカメ事件は収束を迎えるに至ったのである。

　この事件が示すように，GATT20条は WTO の基本原則からの例外を認めつつ，いくつかの要件を設けることで例外が濫用される危険を回避しようとしている。また，貿易と環境という 2 つの価値の衝突という観点から興味深いのは，今回の事件におけるエビの輸入禁止の理由である。すなわち，米国は，輸入されるエビそれ自体がウミガメに悪影響を及ぼすと主張したわけでなく，底引き網というエビの獲り方がウミガメに有害であるとして輸入を禁止したのであった。

　環境などの非貿易的関心事項をめぐっては，このような産品が作られる過程や方法，すなわち「**生産工程・生産方法（PPM）**」に着目した輸入規制が問題となることが多い（⇒第 5 章 3 参照）。PPM については GATT20条のみならず，**同種の産品**（⇒第 3 章 5(1)参照）との関連など多くの問題が存在しており，非貿易的関心事項と例外をめぐる大きな論点の 1 つとなっている。

3　安全保障例外

　続いて，WTO の基本原則すべてに共通する例外として，安全保障のための例外（**安全保障例外**）が存在する。この例外は GATT21条が規定している。同条は，加盟国が安全保障上必要だと認める場合，WTO の基本原則に反するような形で数量制限や関税の引き上げをすること，または一部の国の産品や自国の産品を優遇することを許している。注意すべきは，GATT20条と異なり，GATT21条には，その適用方法に関する制限を定めた柱書が存在しないということである。これは，安全保障に関する例外が，その他の一般的例外よりも認められやすいことを意味している。さらに，同条には「自国の安全保障上の重大な利益」に関する定義は存在せず，「締約国が認める……」（a 号），「締約国が……必要であると認める」（b 号）という文言が示すように，その判断は加盟国の広範な裁量に委ねられている。これは国にとっての安全保障の重要性を

反映したものといえるが，同時に濫用される危険性も常に含んでいる。そこで各国は，このような濫用の危険性を考慮し，これまで同規定をあまり用いてこなかった（⇒COLUMN ⑤）。

　また，同条 c 号は，「締約国が国際の平和及び安全の維持のため国際連合憲章に基く義務に従う措置を執ることを妨げ」られないと規定するが，同項は，WTO と国連の集団的安全保障制度との関係を定めるものである。ある国が他国に武力行使や侵略を行った場合，国連安全保障理事会は経済制裁を実施することがある。その際，国連加盟国は安保理の決定に従い，問題となっている国に対してモノの輸出入を停止するが（国連憲章41条，25条），これは一見したところ，WTO の基本原則である数量制限禁止原則に違反する。GATT21条 c 号は，このような事態を想定して例外を規定することで，WTO と国連という 2 つの条約体制の衝突を回避することを意図しているといえよう。

4　義務免除（ウェーバー）

　これまで検討した一般的例外と安全保障例外は，あくまでも義務の適用は認めたうえで義務違反を正当化するものであった。それに対して，**義務免除（ウェーバー）**は，一定の手続を経ることで義務そのものの適用を一時的に停止し，義務からの免除を認めるものである。WTO では，閣僚会議または一般理事会における加盟国の承認によって義務が免除される。GATT においても義務免除の手続は存在したが，WTO になって要件がより厳格になった。

　第 1 に，義務免除に必要な投票数が引き上げられた。GATT において免除が認められるためには，「投票の 3 分の 2 の多数により承認されること及びその多数には半数を超える締約国を含む」（GATT25条 5 項）ことが必要であった。それに対して，WTO では義務が免除されるためには，**コンセンサス**または加盟国の **4 分の 3** の多数による承認が求められる（WTO 設立協定 9 条 3 項）。

　第 2 に，義務免除の要件や手続が詳細化された。GATT 時代，免除に関して細かく規定されておらず，免除の期間や終了の可否などについて争いが生じた。それに対して，WTO では，免除を決定する際，その決定を正当化する例

外的な事情，免除の適用条件および免除の終了日が示されなければならないことが明文で定められた。さらに，免除期間が1年を超える場合，免除の継続に関する審査が毎年なされ，その審査に応じて免除が延長，変更，または終了されることになった（同協定9条4項）。

　このような手続の厳格化の背景には，GATTにおいて義務免除が比較的簡単に認められてきたことへの反省がある。1947年から1994年までの期間，GATTでは100以上の義務免除が認められた。そのなかには，1971年の**一般特恵制度**（⇒第12章2(2)参照）に関する義務免除など，途上国の開発を促進するために免除が申請・承認されることもあった。しかし，農業分野などにおいて先進国の保護主義的な政策を正当化するために用いられる場合も多く（⇒第7章2(2)参照），ウルグアイ・ラウンドにおいて義務免除に対する要件や手続きが明文化された。

　WTOでは毎年のように義務免除が申請されるが，その内容は，地域統合や後発開発途上国への特恵など，一部の国を優遇するために最恵国待遇原則からの免除を求める場合が多い。そのほか，安価な医薬品を途上国に輸出するためのウェーバーなど，非貿易的・非経済的な価値を実現するために免除が認められる場合もある。

5　FTA における例外

　最後に，FTAにおける例外の位置づけについても確認しておこう。現在存在する多様なFTAにおいてもさまざまな例外規定が置かれているが，本章で検討した一般的例外および安全保障例外は，ほとんどすべてのFTAにおいて規定されている。FTAにおける一般的例外および安全保障例外は，上で検討したGATT20条および21条と関連している場合が多い。一般的に，FTAにGATTが定めるような例外規定を盛り込む方法は，**モデル方式**と**編入方式**に大別することができる。

　モデル方式とは，GATTにおける例外（特に20条および21条）の条文をモデルとして，FTA中に例外を規定する方法である。その最も端的な例は，2003

COLUMN ⑤：WTO と安全保障

　WTO と安全保障は，現在の国際経済法で最も注目されるテーマである。国家にとって，自国民の生命・財産を保護することや，国際社会の平和や安全を保障することは，貿易自由化と同様に重要な価値である。貿易自由化と安全保障という2つの重要な価値が衝突した場合，どのように調整すればよいのだろうか。

　この点，GATT は21条に例外規定を設けることで2つの価値の調整を図ろうとした。さらに，GATT や WTO の加盟国もこの調整の重要性を認識していた。というのも，安全保障を口実とすれば，GATT21条のもと，あらゆる措置が正当化される可能性がある。そうなれば，貿易自由化はただちに行き詰まってしまうだろう。そのため，加盟国の間には，GATT21条を慎重かつ黙示的に援用すべきとの暗黙の了解が従来存在してきた。

　しかし，現在，このタブーが破られつつある。すなわち，WTO 加盟国は，GATT21条を用いて自らの措置を正当化し始めている。もっとも顕著な例は，トランプ政権による鉄鋼・アルミ製品の輸入制限である。2018年，同政権は，鉄鋼・アルミ製品は米国の安全保障に重要であるところ，近年の安価な製品の輸入で自国の安全保障が脅かされているとして追加関税を発動した。このような主張を認めれば，およそすべての製品に対して輸入制限が正当化されてしまう。実際，米国の輸入制限について，EU や中国などは WTO 紛争処理手続に提訴したが，2019年10月1日現在，パネル審理は継続しており，どのような判断が下されるかは不確定である。

　そもそも，1995年の WTO 設立以降，GATT21条に関してパネル・上級委員会が解釈を示したことはなかった。しかし，2019年4月，ロシアとウクライナの事件において，同条に関して初めて判断を下したパネル報告書が採択された。この事件では，2014年のクリミア危機の際，ロシアが貨物の通過を禁止・制限したことがWTO 協定違反となるか否かが問題となった。ロシアは自らの措置を GATT21条を用いて正当化しようとし，その結果，同条に関してパネルの解釈が示されたのである。本パネル報告書は，最終的にはロシアの措置が GATT21条によって正当化されると結論づけたが，同条において加盟国が完全な自由裁量を有することは否定した点で重要な意義を有している（なお，同事件については上訴がなかったため，パネル段階で審理が終了した）。

　WTO と安全保障というテーマについては，日本も無関心ではいられない。2019年7月，日本政府は，半導体材料3品目について韓国への輸出管理を強化し，それまでの包括許可方式から，契約ごとに個別に審査・許可する方式に切り替えた。さ

らに，同年8月，日本政府は，輸出管理において優遇措置を受けるグループから同国を除外することを閣議決定した。日本政府は，近年の韓国における輸出管理上の不備を理由に措置を発動したが，半導体を主産業とする韓国から激しい反発を招いた。2019年9月11日，韓国は，日本の半導体材料に関する措置がGATT1条などに違反するとしてWTOに提訴した（二国間協議要請）。現在のところ，パネル設置には至っていないが，日本政府としてはGATT21条に基づいて自国の措置の正当化を図ることが予想される。

　GATT21条は，貿易自由化と安全保障という2つの価値の調整弁として機能しうるのだろうか。今後，安全保障というテーマが，WTO体制存続を占う試金石となることは間違いない。

年に発効したシンガポールとオーストラリアの間のFTA（SAFTA）である。同協定第2章12条および13条は，GATT20条および21条の文言をほぼそのまま反映している。ここまで極端ではないにせよ，FTA中の例外規定，特に安全保障例外については，GATT21条をモデルとして規定されていることが多い。

　他方で，一般的例外については，編入方式が頻繁に用いられる。編入方式とは，FTA中の規定によってGATTの規定を参照し，FTAに編入する・組み込む（incorporate）方法である。その典型例は，1994年に米国・カナダ・メキシコの間で発効したNAFTAである。NAFTA2101条は，GATT20条が「協定に組み込まれ（incorporated），この協定の一部を成す」と規定することで，GATTの規定をNAFTAに編入している。

　さらに，編入方式をより柔軟にした "*mutatis mutandis*" 方式もよく用いられる。*Mutatis mutandis* とはラテン語で「変更すべきところは変更して」を意味する。たとえば，GATT20条d号の「第2条4及び第17条」という記述はGATTの条文を指しているので，その部分はFTAにおいて対応する内容の条文番号に読み替えることになる。多くのFTAは，必要な変更を加えたうえで，GATT20条および21条を組み込んでいる。したがって，これは編入方式の一種と捉えることができるが，日本が締結したほとんどすべてのFTAで

は，この "*mutatis mutandis*" 方式が採用されている。たとえば，2007年に発効した日チリ EPA はその192条 1 項で，GATT20条の規定が「必要な変更を加えた上で，この協定に組み込まれ，この協定の一部を成す」と規定している。

　このように，FTA 中の一般的例外および安全保障例外は，何らかの形でGATT20条および21条と関連している。その結果，WTO における例外に関する解釈が，FTA の解釈に影響を及ぼす（その逆も真）可能性がある。両者の関係については，WTO 紛争処理手続および FTA の今後の展開を注視する必要があるだろう。

〔考えてみよう〕
・各国は非貿易的・非経済的な目的を達成するために，どのような政策を行っているだろうか。また，WTO の基本原則との関係についても考えてみよう。
・現在，WTO で認められている義務免除（ウェーバー）にはどのようなものがあるか調べてみよう。
・基本原則の例外（GATT20条，21条）が問題となった WTO の紛争事例を，他にも調べてみよう。

第Ⅱ部
分野ごとの規律と紛争処理

第 5 章

基準・認証制度（SPS／TBT）

〈学習のポイント〉
・基準・認証手続とは何か。
・衛生植物検疫措置（SPS 措置）および貿易の技術的障害（TBT）の特性と
　規律とは何か。
・地域貿易協定（RTA）で SPS 措置と TBT はどのように扱われているか。

1　基準・認証手続を規律する意義

(1)　SPS 措置，TBT 措置とは何か，規律の経緯と背景

　水際での関税，数量制限といった貿易障壁を削減・撤廃しても，国内のさま
ざまな規制（**国内規制**）により，国産品と輸入品が差別されれば貿易の自由化
は進展しない。そこで，WTO の前身である GATT の時代から，非関税障壁
を削減・撤廃する努力が行われてきた。特に，非関税障壁にもなりうることか
ら対応が求められるものに，**衛生植物検疫措置（SPS 措置）**と，**貿易の技術的障
害（TBT）**がある。

　SPS 措置とは，人・動物・植物の生命や健康の保護を目的として各国が適用
する基準や規格，そしてこうした基準や規格への適合性を評価する手続（**適合
性評価手続／認証手続**：本節では原則として認証手続と表記する）である。一方，
TBT とは，国家が安全の確保や生命・健康の保護，環境の保全，製品間の互
換性，生産の効率など，さまざまな合法的な目的のために定めた製品の基準，
規格，適合性評価手続のことを指す。TBT の例として，生活用品の安全基準
や，環境保護のための自動車の排ガス基準などがある。この SPS 措置と TBT
は，しばしば基準・認証手続と総称される。

基準・認証手続は，上記のような目的で設定されるものであり，必ずしも貿易を水際で規制するものではない。それにもかかわらず，WTO では各国が採用する基準・認証手続のあり方について一定のルールを設け，WTO 加盟国に守るよう求めている。このように国際的なルールによって基準・認証手続を規律する背景には，関税のほかにも加盟国が適用する産品の基準・認証手続が貿易を阻害しうることがある。たとえば，国内産業を保護するために外国企業には守りづらいような特殊な規格が定められたり，輸入品のみが検査手続などの面で差別的に扱われたりすると，こうした基準・認証手続は国際貿易に対する障害となりうるのである。

基準・認証手続については，GATT の時代から，少しずつ非関税障壁を削減・撤廃する努力が行われ，すでに1970年代末に妥結した東京ラウンドでスタンダード・コードが成立していた。「スタンダード」とは基準や標準を，「コード」とは約束や協定を意味する。このコードには，受諾国の少なさや規律の緩やかさなどの限界があったため，ウルグアイ・ラウンドではこのコードを発展させた**貿易の技術的障害に関する協定（TBT 協定）**が合意された。

SPS 措置の場合には，農業協定の成立によって期待される農業貿易の自由化の利益が，SPS 措置を騙る偽装された貿易障壁によって損なわれないようにする必要があった（⇒農業貿易については第7章参照）。そこで，ウルグアイ・ラウンドでは，農業貿易の自由化交渉の一環として，SPS 措置，具体的には人・動植物の生命・健康の保護のために必要な措置について，一般的例外を定める GATT20条 b 号の詳細化を目的とした交渉が行われ（⇒一般的例外については第4章2参照），最終的に農業協定とは別の SPS 協定に結実した。

(2) SPS 協定と TBT 協定との関係

SPS 協定と TBT 協定は，いずれも各国の基準・認証手続を規律の対象とするが，ある国の基準・認証手続が果たして SPS 協定の対象となるのか，TBT 協定の対象となるのかについてはどう考えればよいのだろうか。SPS 協定と TBT 協定は共通する部分もあるが，それらが貿易制限的に適用されることをいかに防ぐかという規律の仕方については，内容が異なる部分も存在している

ためである。

　この点について，SPS 協定と TBT 協定は相互補完的と考えることが妥当である。SPS 協定は，附属書 A において，どのような措置を SPS 措置とするか定義する。一方，TBT 協定では SPS 措置の定義に該当する措置については TBT 協定を適用しないと規定する（TBT 協定 1 条 5 項）。そこで，基準・認証手続の中で SPS 措置に該当する措置以外は，全て TBT 協定によって規律されることになる。つまり基準・認証手続を導入する加盟国は SPS 措置に該当する措置であれば SPS 協定のルールに，それ以外の措置であれば TBT 協定のルールに従う必要がある。

　SPS 協定と TBT 協定の規律の相違については，次のような例がある。TBT 協定は，最恵国待遇原則および内国民待遇原則を規定し（TBT 協定 2 条 1 項），SPS 協定も同様の規定を有する。しかし SPS 協定は，自国と「同一又は同様の条件の下にある」加盟国との間（自国の領域と他の加盟国の領域との間を含む）で恣意的または不当な差別をしないと定めており（SPS 協定 2 条 3 項），条件付きである。たとえば，国内に全く存在しない有害な動植物の流入を防ぐために輸入品に対してのみ SPS 措置をとり，国内的には何らかの措置をとっていないとしても，自国と輸入品の母国とが同様の条件の下にない故であり，そうした措置を正当化することができれば認められる。人・動物・植物にかかわる衛生状態は，国の自然条件や地理的配置などによって異なる（たとえば，熱帯地域に存在する病害虫が寒冷地域では存在しないなど）という事情に配慮して，このような違いがあるといえる。

2　衛生植物検疫措置（SPS 措置）

(1)　SPS 協定の全体像

　SPS 協定は，国家が自国の事情に応じて，人・動植物の生命・健康の保護をはかることを認め，概ね次のような構造を採っている。まず，SPS 措置とは何か，どのような SPS 措置を規律するのかという定義と適用範囲を定め，次に，加盟国の権利と義務を規定している。

さらに，SPS 協定は，各国の基準・認証手続の「**調和**」を志向する。すなわち，貿易を促進する観点からは，国ごとに基準・認証手続が異なるより調和していた方が貿易障壁はより低くなると考えられるので，「調和」が目指されるのである。この調和原則を補完するものとして，輸入国側と輸出国側で SPS 措置の形態が異なっていても，保護水準が同じであればそれを認めなければならないという**同等性**の考え方も SPS 協定に含まれている。

　SPS 協定について特筆すべきは，「**科学**」が重視される点である。前章までに指摘したように，GATT に含まれる基本的な原則は，貿易に影響を与える各国の措置がルールに違反するかどうかの判断基準として，差別的かどうか，貿易歪曲的かどうかに焦点を当ててきた（⇒第 3 章参照）。しかし，SPS 協定では，それに加えて科学的に正当化されるかという点も問われる場合がある。すなわち，加盟国が SPS 措置を導入する際には，原則として，SPS 措置を導入しなければ自国内でどのような被害が起きる可能性があるかを検討する**危険性評価**を行い，その評価に基づいて，その国が適切と考える SPS 上の保護の水準（当該国が受入可能なリスクのレベルともいいかえることができる）を決定し，この水準を達成する SPS 措置を決定することが求められるのである。

⑵　定義と適用範囲

　SPS 協定の対象となるのは，国際貿易に直接・間接に影響を及ぼすような SPS 措置である（SPS 協定 1 条）。SPS 措置には，関連するすべての法令，要件，手続と共に，最終製品の規格，生産工程および生産方法（PPM），試験・検査・認証・承認の手続，検疫（動植物の輸送の要件を含む），統計方法，試料採取手続，危険性評価の方法に関する規則，包装の要件，食品安全に直接関係するラベル等の表示要件が含まれるが，下記に示す 4 つの目的のいずれかのために措置がとられる必要がある（附属書 A）。

　その目的とは，第 1 に，有害動植物や病気から自国領域内の動植物の生命・健康を保護すること，第 2 に，飲食物や飼料の添加物や汚染物質などの危険から自国領域内で人・動物の生命・健康を保護すること，第 3 に，動植物や，それを原料とする産品が媒介する病気，有害動植物の侵入等によって生じる危険

から自国領域内で人の生命・健康を保護すること，第4に，有害動植物の侵入等によるその他の損害を自国領域内で防止・制限すること，である。

　たとえば，人の健康保護のため成長ホルモンを投与されて育成された牛肉を輸入禁止とする措置や，国内で未発生の病害虫の国内流入を防ぐために農産品の輸入に際して一定の消毒を義務づける措置，国内の特定の魚の健康保護のために，加熱処理を行っていない同じ種類の魚の輸入を禁止する措置，国内生態系の保護のために遺伝子組み換え製品の輸入を禁止する措置などがSPS措置に該当する。

(3)　基本的な権利と義務

　SPS協定は，加盟国が一定の条件の下で，SPS措置をとる権利を認めている（2条1項）。この権利は，SPS協定に反しない限り認められ，その条件は主に3つある。

　第1に，加盟国はSPS措置を人・動植物の生命・健康の保護に「必要な限度において」のみ適用するというものである（2条2項）。したがって，必要以上に輸入品に重い措置を課すことなどは認められない。

　第2に，SPS措置は科学的な原則に基づいてとり，十分な科学的証拠なしに原則として維持できないというものである（2条2項）。具体的には，前述の通り，SPS措置を導入する際には，危険性評価を行って，どの程度の保護水準が適当なのかを決定する必要がある（5条1項）（危険性評価・適切な保護水準については後掲）。ただし，科学的証拠が不十分な場合には，暫定的な措置もとれる。もっとも，暫定措置をとる場合には，入手可能な適切な情報に基づく必要があり，さらに適当な期間内に暫定措置を再度検討することが求められる（5条7項）。

　第3に，恣意的・不当な差別の禁止および国際貿易の偽装された制限の禁止という条件である。すなわち，加盟国はSPS措置によって，加盟国間で，また自国と他の加盟国との間で恣意的又は不当な差別をしてはならず，またSPS措置が国際貿易に対する偽装した制限となるように適用してはならない（2条3項）。

(4) 基準・認証手続の調和

(1)で調和について言及したが，そもそも調和とは，2か国以上の加盟国で共通のSPS措置を制定，認定，適用することを意味する（同附属書A）。SPS協定では，調和を達成するための手段として**国際的な基準・指針・勧告**（以下，国際基準等）を用いている。つまり，国際機関がSPS分野に関する一定の規格や基準，認証手続を作成し，それを加盟国が取り入れていくという方法であり，これにより，国際的にSPS措置が調和されていくという考え方である。

そこで，国際基準等が存在する場合には，加盟国はそれに「基づいて」SPS措置を導入することが義務である（3条1項）。「基づいて」いれば良いので，全く同一のものとする必要はないが，国際基準等に適合していればSPS協定に合致しているとみなされる（3条2項）。とはいえ，国際基準等に基づいてSPS措置をとっても，自国の人・動植物の保護のためには不十分な場合もあり得る。そこで，科学的に正当な理由がある場合，また自国が行う危険性評価に基づいて適切な保護水準を決定した場合には，国際基準等に基づいてSPS措置をとる場合よりも高い保護水準を可能にするSPS措置をとることができる（3条3項）。

こうした国際基準等が作成される国際機関として，SPS協定は分野毎に3つの国際機関を指定している。食品安全分野については，食品規格（コーデックス）委員会，動物の健康及び人と動物に共通の伝染病については，国際獣疫事務局（OIE），植物の健康については，国際植物防疫条約（IPPC）事務局である。これら以外の分野については，全ての加盟国が加盟しうるその他の国際機関が定めた基準等で，SPS委員会が確認したものが国際基準等として認められる（附属書A）。

調和を補完する同等性の考え方は，次のような場合に適用される。各国のSPS措置については，その措置によって達成される人・動植物の生命・健康の保護の水準は同じでも，形態が異なる場合がありうる（たとえば，ある産品1m³あたりの一定の細菌数レベルの達成が，低温での長時間殺菌と，高温での短時間殺菌の両方によって可能である場合）。その際，達成される保護の水準は同等なのに，措置の形態が異なるために輸出入ができないことになると貿易が阻害される。そ

こで，輸出国が輸入国に対して，輸出国のSPS措置によっても輸入国が要求する保護の水準が達成されることを証明すれば，輸入国は輸出国の措置を自国のSPS措置と同等なものとして認めなければならないのである（4条1項）。同等性の認定について，要請に応じて加盟国は，二国間，多数国間で協定などを合意するための協議を行う義務がある（4条2項）。このように同等性の考え方は，二国間または多数国間でSPS措置を一定の条件の下で認め合うという意味で，国際的な調和を補完的に促すものと位置づけられるのである。

(5) 危険性評価と適切な保護水準

危険性評価とは，とりうるSPS措置のもとで輸入国内における有害動植物，病気の侵入等の可能性やそれによる生物学的・経済学的な影響，または飲食物や飼料に含まれる添加物等によって人・動物の健康に生じる悪影響の可能性についての評価を指す（同附属書A）。

この評価を行う際には，関連する国際機関が作成した評価方法と同時に，入手可能な科学的証拠，関連する生産工程・生産方法（PPM），検査・試料採取・試験方法，病気や有害動植物の発生，発生地域，生態学上・環境上の状況等や，経済的な要因（有害動植物等が流入して生産や販売が減少した場合の損害，撲滅費用，他の方法をとった場合の相対的な費用対効果）も考慮することとされている（5条1～3項）。

加盟国は，危険性評価に基づいて，適切と考えるSPS措置の保護の水準を決定することになるが，その決定に際しては，貿易に対する悪影響が最小限となるように考慮すべきであると同時に，国際貿易に対する差別・偽装した制限となるような恣意的・不当な区別を設けてはならない義務がある（5条4，5項）。また，国際基準等に基づく場合は別として，技術的・経済的実効性を考慮しながら，導入するSPS措置が適切な保護の水準を達成するために必要である以上に貿易制限的でないことの確保が求められる（5条6項）。

以上の評価に際して，十分な科学的証拠がない場合，既述の通り，加盟国は一定の条件の下で暫定措置がとれることになる。こうした暫定措置も含め，加盟国がとるSPS措置が国際基準等に基づいていない場合やそうした国際基準

COLUMN ⑥：日本産食品に対する韓国の輸入規制措置

　2011年の東日本大震災で生じた福島第一原発事故の後2013年までの間に，韓国は，日本産食品に対して放射性物質含有の検査と検査結果証明の要求，一定の日本産水産物の輸入を禁止する措置をとった。

　こうした措置が2015年になっても継続していたことを受け，日本は韓国の措置が主にSPS協定に違反するとしてWTO紛争処理手続上の申立てを行い，2018年にパネル報告，2019年に上級委員会（以下，上級委）報告が公表された。

　この紛争の主な争点は，韓国の措置が，①必要以上に貿易制限的かどうか（SPS協定5.6条），②同様の条件下にある加盟国間での恣意的または不当な差別かどうか（同3.3条），③透明性が確保されたかどうか（同7条）であった。

　パネルは，本件に関連する専門家と専門機関の見解も検討した上で，①について，韓国の決定したSPS上の適切な保護水準（以下，保護水準）を達成する代替措置があるなどとした日本の主張を認め，韓国の措置が必要以上に貿易制限的であること，②について，「同様の条件」として産品中にある現存のリスクを含めると解釈して産品中の放射性物質を考慮し，同様の条件下にある日本と他加盟国の産品間で日本産品にのみ本件措置が課されており，恣意的または不当な差別があること，③について，韓国による措置の公表は具体性にかける部分があるなどとして透明性が確保されていないことを認定した。

　上級委は，①について，パネルは複数の要素で構成される韓国の保護水準の一部の要素のみ重視しており，日本の代替措置によってその保護水準が達成されるかは不明であるなどとしてパネルの認定を取り消した。②については，「同様の条件」には産品に影響（潜在的なものも含む）を与え得る国家の領域の状況など他の条件も考慮する必要があると解釈し，産品中の現存のリスクに依ったパネルの解釈と適用についてパネルの認定を取り消した。③については，一部を除きパネルの判断を支持した。

　上級委の判断は，放射性物質が関連した本件において，これまでの先例で特権（prerogative）かつ義務とされてきた各加盟国による保護水準の決定と，それを達成するSPS措置をとる加盟国の「権利」（SPS協定2.1条）を重視したものと捉えられる。この判断については，WTOの紛争解決機関の会議の場などで，不十分な判断で紛争の解決に資さない，または実体的でない根拠によりパネル判断を取り消しているなどとして批判された面もあった。

　これらの批判の中には妥当なものもあるが，疑問が生じる部分もある。なかでも不十分で紛争の解決に資さないとの点については，WTOの紛争処理のルール上，

加盟国はパネル報告中の法的な問題と解釈のみを上訴でき，上級委はパネルの法的認定と結論の支持，修正または取り消しができるのみであることが想起される必要がある。つまり，上級委はパネルが行った事実に関する判断を再度行う権限を有していない。本件は，こうした制度上の問題も浮き彫りとなった事例の1つといえる。また，上級委が行き過ぎた行動（overreach）をとっているなどの批判を浴びている昨今の状況（⇒第2章2⑵参照）も作用し，上級委としてはやや消極的な判断とならざるをえなかった面も否定できまい。

　日本国内では，上級委の判断後に本件がマスコミ報道で「敗訴」という見出しと共に大きく取り上げられた。「敗訴」は読者にとってはキャッチーな表現かもしれないが，そもそもWTO紛争処理手続は裁判ではないこともあり，あまり適切とはいえない。上述の制度上の問題など，より取り上げられるべき問題は他にあるといえる。

等が存在しない場合に，このSPS措置によって輸出が抑制されている（可能性も含む）と考えられる場合には，SPS措置をとった国に説明を求めることも可能である（5条8項）（⇒第13章2参照）。

3　貿易の技術的障害（TBT）

⑴　TBT協定の全体像

　TBT協定は，まず，TBTとは何か，どのようなTBTを規律するかという定義と適用範囲を定め，次に，基準・規格と認証手続を立案・制定・適用する際にどのような条件に従わなければならないのかなど加盟国が負う義務を定めている。また，SPS協定と同様に，各国の基準・認証手続の「調和」を志向し，同等性の考え方も取り入れている。貿易を促進する観点からは，国ごとに基準・認証手続が異なるより調和していた方が，貿易障壁がより低くなるためである。そこで，自国と他の加盟国とで基準・規格や認証手続が異なっていても，一定の場合には，他の国の基準・規格や認証手続の結果を同等なものと認めることとされているのである。

　認証手続とは，試験機関が行う検査などを指すが，この検査などの結果を相

互に承認しあうことを**相互承認**と呼ぶ。TBT 協定は，関係国間で相互承認のための合意（しばしば，**相互承認協定（MRA）**と呼ばれる）を締結することも奨励している。

(2) 定義と適用範囲

　TBT 協定の対象となるのは，工業品および農産品を含め全ての産品にかかわる基準・規格およびそれらの認証手続で，SPS 措置以外のものである（ただし，政府調達は対象外）。基準・規格とは，具体的には製品の特性（サイズ，形状，デザイン，機能，性能，ラベル，包装など）に関する技術的要件や，その産品の**生産工程・生産方法（PPM）**について規定する文書を指す。認証手続とは，強制規格，または任意規格に関連する要件が満たされているかどうかを決定するために直接・間接に用いられるあらゆる手続のことである。

　一般に，ビジネスの世界では「基準」や「規格」が区別せずに使われている場合もあるが，TBT 協定では，遵守しなければならない技術的要件や PPM を「**強制規格**（technical regulation）」，必ずしも遵守が義務づけられない技術的要件や PPM を「**任意規格**（standard）」と表現する（以下では，「強制規格」，「任意規格」を使用）。強制規格は，遵守が義務づけられるので，これに適合しない輸入品についてはたとえば輸入国内市場での販売が許可されないといった事態が生じることになる。日本の強制規格の例としては，電気用品の技術基準（電気用品安全法）や食品中の添加物等の基準（食品衛生法）が挙げられる。任意規格としては，日本工業規格（JIS 規格）や日本農林規格（JAS 規格）がよく知られている。

　なお，PPM に関連して，TBT 協定は強制規格を定義する際に，産品の特性または産品の特性に関連する生産工程・生産方法について規定する文書で遵守が義務づけられるものと定め（TBT 協定附属書 1），明確に産品の特性との関連性に言及している点に注意が必要である。すなわち，製品の特性に関連しない PPM，たとえば一定量以上の温室効果ガスを排出しないようにする生産方法は産品の最終形に違いを及ぼさないため対象外とされよう。

　強制規格や任意規格は，政府（中央政府，地方政府）や，政府以外の国内の標

準化機関が作成するが，後者の場合，中央政府がTBT協定との整合性を確保するよう，利用し得る妥当な措置をとる必要がある（3条1項）。

　また，強制規格や任意規格を国際機関が作成する場合もある。こうした国際機関は，**国際標準化機関**と呼ばれ，作成された規格は**国際規格**と呼ばれる。TBT分野の例として，国際標準化機構（ISO）や国際電気標準会議（IEE）などが存在している。国際標準化機関とは，規格や認証手続の標準化を行うことを認められている国際組織を意味している。

(3) 基準・認証手続の立案・制定・適用

　TBT協定上の強制規格と任意規格に関するルールはほぼ共通しているが，遵守を義務づけるという点で貿易に対する影響が大きいのは強制規格であるため，以下では，強制規格の立案・制定・適用と同規格の認証手続に関する主なルールを概観する。

　第1に，加盟国は，国産品について強制規格を立案・制定・適用する際に，同種の輸入品に対して，最恵国待遇，内国民待遇を与える義務がある（2条1項）。認証手続についても，同様の義務があり（5条1項1），同種の産品に関して，原産国の相違によって試験や検査の厳しさを変えることは認められない。

　第2に，加盟国は，強制規格が「国際貿易に対する不必要な障害をもたらすことを目的として又はこれらをもたらす結果となるように」立案・制定・適用されないことを確保する必要があり，また強制規格は最も貿易制限的でない手段でなければならない（2条2，3項）。認証手続についても，そのような結果となるよう立案・制定・適用してはならず，適合性確保のために必要である以上に重い手続であってはならない（5条1項2）。

　第3に，強制規格は「正当な目的」が達成できない場合にどのような危険性が生じるかを考慮した上で，「正当な目的」達成のために必要以上に貿易制限的であってはならないとされる。ここで，正当な目的の例としては，武器に関する規格など国家の安全保障上の必要，密輸出入や偽ブランド品製造を防止する規格など詐欺的行為の防止，人の環境・安全の保護，動植物の生命・健康の

保護，自動車の排ガス基準などの環境の保護・保全があげられる。また，危険性を評価する際に考慮すべきこととして，入手可能な科学・技術情報，関係する生産工程関連技術，製品の本来の最終用途が例示されている（2条2項）。

　加盟国が強制規格を定める場合，外観や形などの産品のデザイン，寸法や材料といった記述的な特性よりも，性能に着目した強制規格の制定が奨励される（2条8項）。科学技術の急速な進歩に伴う変化に適切に対応できるのは，デザインなどの物理的な特徴よりも性能であることから，性能に着目した規格が制定されるべきことがあらわれている。認証手続については，迅速性や秘密情報の保持など手続の適正性が求められる（5条2項）。

(4) 基準・認証手続の調和

　TBT協定においても，SPS協定の場合と同様に，強制規格，任意規格，認証手続の国際的な調和が志向されている。調和の具体的方法もSPS協定の場合と類似している。つまり，TBT協定は，強制規格，任意規格については，関連する国際規格が存在するとき（仕上がり目前を含む），また，認証手続については，国際標準化機関が公表した関連する指針，勧告が存在するとき（仕上がり目前を含む）は，これらを「基礎として」用いることを加盟国に義務づけている（2条4項，附属書3.F，5条4項）。基礎としていれば良いので，全く同一のものとする必要はないが，強制規格が「正当な目的」のために立案・制定・適用されていて，さらにそれが国際規格に適合している場合には，国際貿易に対する不必要な障害をもたらさないものと推定されることになる（2条5項）。

　とはいえ，国際規格は，常に基礎として用いることが義務づけられるわけではない。寒冷地や高湿度の国といった「気候上の又は地理的な基本的要因」や，電圧や道路交通方法など国内のインフラと結びついているような「基本的な技術上の問題」などの理由によって，特別の政策目的を達成するために，国際規格を利用することが効果的ではない場合や適当ではない場合には国際規格の利用は義務づけられない（2条4項，附属書3.F）。認証手続についても，安全保障上の必要，詐欺的行為の防止などの理由によって，国際標準化機関の指針

や勧告が加盟国にとって適当ではない場合には，基礎として用いることは義務づけられない（5条4項）。つまり，TBT協定は国際的な調和を促しながらも，加盟国の状況に応じた柔軟性も認めているのである。

　基準・認証手続の国際的調和を補完すべく，TBT協定では加盟国間での強制規格の同等性の承認と，認証手続の結果の相互承認を認めている。すなわち，ある加盟国の強制規格が自国のものと異なる場合でも，その加盟国の強制規格が自国の政策目的を達成すると認めるときは，自国の強制規格と「同等な」ものとして受け入れることに積極的考慮を払わなければならない（2条7項）。認証手続についても，強制規格と任意規格への適合性について，ある加盟国の手続が自国の手続と同等の保証を与えると認める場合，可能なときは，この加盟国の手続の結果の受け入れを確保しなければならない（6条1項）。こうして，輸出国，輸入国で規格や認証手続が二重に課されなくなり，時間的・金銭的なコストが削減されうる。この同等性を達成する方法として，輸出入国間で相互に試験結果などの認証手続の結果を受け入れるための相互承認協定（MRA）を締結することも奨励されている（6条3項）。

4　FTAと基準・認証手続

(1)　FTAの基準・認証手続のルール

　WTO成立以降に締結されたFTAには，SPS措置およびTBT関連のルールを定めるものが増えている。現存するFTAの7〜8割程度に関連ルールがあり，SPS措置及びTBTはFTAの主要な構成要素となっている。

　FTAが定める両分野のルールは，WTOのSPS協定，TBT協定に準じるものが多く，SPS協定，TBT協定より広いまたは新たな（以下，超えると表記）義務を課すFTAは限定的である。

　SPS協定を超える義務が課される例は，多くの場合，SPS協定にない期限の設定や，説明義務の付加など透明性の強化である。一方で，SPS協定が定める事項を全て規定するFTAは少数である。

　TBT協定を超える義務の例には，通報対象の拡大など透明性の強化，販売

許可も規律するなどルール対象措置の拡大，強制規格と認証手続の調和の義務化など調和の強化，電子，電気，化粧品，食品などの分野で特別のルールを定める場合がある。また，WTO では両協定とも紛争処理手続の対象であるが，FTA では FTA の紛争処理手続の対象外である場合がある。

注目すべきは，近年，FTA に，規制の策定・実施のプロセスで規制当局間の情報交換などの協力を定める章（カナダ EU FTA（CETA）21章「規制協力」）や，規制の影響評価や透明性の確保などの「規制に関する良い慣行」を通じて国内の規制策定・実施プロセスの最適化をはかる章（TPP 協定25章「規制の整合性」），またはその両方（日欧 EPA18章「規制に関する良い慣行及び規制に関する協力」）が定められる場合のある点である。米国と EU 間の貿易協定に向けた取組みでも規制協力や規制の整合性は焦点となっている。これらの章は，SPS 協定や TBT 協定のように規制の調和を直接目指さないものの，規制の策定プロセスや実施段階への働きかけを通じて，実質的に国家間の規制の相違を削減することに貢献し，貿易上の障害を軽減し得るものとして注目される。

(2)主要国の FTA にみられる基準・認証手続

本節では，米国，EU，日本の RTA の基準・認証分野のルールの特色を概観する（この RTA の大半は FTA であるが，本節では関税同盟も含む場合に RTA，日本の FTA について EPA と表記する場合がある）。

米国の FTA には相手国で農業が盛んに行われていない場合や年代が古い FTA を除き，SPS および TBT 関連規定が含まれている。EU の RTA にこれらの規定が含まれるかどうかは RTA により，含まれる場合には詳細な規定内容となる場合がある。日本の EPA が基準・認証手続を規律対象とするかどうかも EPA 毎に異なる。

① SPS

米国と EU の RTA の共通項として，SPS 協定の権利義務を確認し，FTA 締結国間で何らかの協議のメカニズムを設けていることがあげられるが，米国の FTA は比較的簡潔な規定であるのに比べて，EU の RTA は詳細な規定を含む場合がある。

ただし，米国の FTA では，鶏肉のように米国の関心の高い農産品について附属文書が付されることが多い。また，SPS 関連の問題が発生した場合には，協議のメカニズムに問題解決をはかる役割が期待されており，SPS 分野はほぼ全ての FTA で FTA の紛争処理手続の対象外である。

　詳細な規定を含む EU の RTA では，SPS 協定中の規定が具体化・詳細化されている。例として，同等性や地域化に関する承認手続，検査・輸入手続にかかわるものがある。地域化とは，SPS 措置を地域の状況に対応したものとする考え方で，具体的には，ある国で病害虫が発生していたとしても，その国の他の地域で未発生であればその未発生地域の生産品については輸入を認めるというものである。また，EU の RTA で興味深いのは，SPS 協定には個別規定のない動物福祉（⇒動物福祉については第14章２参照）などに関する明示的な言及がみられることである。たとえば，動物福祉に関して，共通理解の醸成や情報交換，協力の推進，国際基準制定に関する協力の推進が規定される。また，EU の RTA では，SPS 分野で発生する貿易問題は，原則として各 RTA の紛争処理手続の対象である（韓国との FTA を除く）。

　日本の EPA では，従来，SPS 関連規定が含まれても，その内容は，SPS 協定の権利・義務の確認と共に，SPS 分野に関する小委員会やコンタクトポイント（照会所）の設置といった協議や情報交換の促進を中心とする簡潔な内容にとどまっていた。また，EPA の紛争処理規定は SPS 関連規定に適用されないことが明示的に定められており，上記の小委員会などが SPS 分野で発生しうる貿易上の問題に取り組む場として位置づけられてきた。ただし，最近締結された TPP 協定，日欧 EPA（いずれも発効済）では，詳細なルールが定められると共に，一部対象外となる規定もあるものの，SPS 関連規定がそれぞれの紛争処理手続の対象である。

② TBT

　米国と EU の RTA の中には，TBT 関連規定を含まないものもあるが，規定がある場合には，TBT 協定の権利義務の確認，または同協定の定義の採用がみられる（ただし，後述するように TPP 協定，日欧 EPA ではやや異なる傾向がある）。また，両者ともに，何らかの協力や協議メカニズムを RTA に定めるこ

とが多い。

　他方，TBT 分野に関して RTA の相手国に求めるものは米国と EU で対照的である。すなわち，EU の RTA では EU の基準・認証手続への調和を要求することが多い一方，米国の FTA では調和でなく，同等性承認や適合性評価の結果の承認を要求する。また近年，EU は規制協力，米国は加えて規制の整合性を重視するようになっており，これらの要素も FTA に含まれるようになっている。

　また，米国の FTA では，速やかな相互通報や同等性を承認しない場合の説明義務を規定するなど，透明性が強調される点が特徴的である。自動車関連の基準について国際機関における協力を規定するなど分野別の規定が定められる場合もある。さらには，基準・認証手続策定プロセスへの関係者の参加確保，検査・認証機関の承認に関する内国民待遇の保障などの WTO プラスの規定も見られる。

　一方，EU の RTA で TBT 関連規定を含むものは，地理的に近接している国との RTA を中心に，EU の基準・認証手続への適合や EU の標準化機関の活動への参加要請など，調和を要求する点が特徴的である。TBT 関連規定を含まない場合であっても，基準・認証手続上の違いを減らしたり，相互承認協定の締結を規定するといった協力規定が含まれることが多い。地理的に近接していない国との RTA では，TBT 協定の権利義務の確認と共に，国際基準との整合性確保を強調するほか，規制協力や情報共有といった協力規定が定められる（ただし，日欧 EPA について後述）。

　日本の EPA は，従来，第 1 に，TBT 分野の規定を含まないもの，第 2 に，TBT 分野の章や規定を含むもの，第 3 に，認証手続の相互承認の章を含むものに分かれた。このうち，第 2 のグループは，TBT 分野の章や規定を含むものの，その内容は TBT 協定の権利義務の確認，コンタクトポイントの設置など透明性の向上，情報交換などの協力を主とする比較的簡潔なものにとどまってきた。また，これらの EPA では，EPA の紛争処理規定が適用されないことが明示され，締約国間で協議を通じた問題の解決をはかることが目指されている。第 3 のグループは，一般的な TBT 分野の章や規定は含まないものの分

野別に認証手続の相互承認を規定する点で，第2のグループより一歩踏みこんだ内容となっている。具体的には，通信端末機器および無線機器，電気製品の分野で，輸出国内における事前の認証機関の指定を経て，その機関が行う評価の結果を相互に受け入れることが規定される。

このように日本のEPAにおけるTBT分野の規律は比較的簡潔な内容であったが，TPP協定と日欧EPAでは，TBT協定の一部を組み込みながら（組み込んだ規定についてはEPAの紛争処理手続でなくWTO紛争処理手続の対象），より詳細なルールが規定されている。また，上述の通り，規制協力や規制の整合性の要素も含まれるようになっている。

以上のように，米国，EU，日本のRTAでは，基準・認証分野についてWTOのSPS協定およびTBT協定に反するものはないものの，両協定を超えるいわゆる「WTOプラス」の規定は存在している。この意味で，これらのRTAはWTOの両協定に基づきながらそれを補完するものといえる。

一方，RTAは各国が個別に関心を有する事項を追求し，またそうした事項を含むRTAを増やすことによって事実上のルールを拡大していく手段ともなっていることが基準・認証分野でも示唆される。たとえば，SPS分野におけるEUのRTAでの動物福祉への言及や，TBT分野における米国のFTAにみられる透明性の確保義務の強化がある。

さらには，RTAは自国の優位性をさらに強化する手段としても用いられうることが分かる。たとえば，EUのRTAでは，TBT分野でEUの基準・認証手続への調和，国際標準化機関における協力，地域標準化機関への参加が要求される場合があるが，EUは国際的な標準化政策において本来強い影響力を有しており，これらのRTAはその影響力を一層強化し得るものである。

・電子機器の裏面や衣服のタグなどにはたくさんのマークがついているが，それらはどの国で使われている基準・規格なのだろうか。

・たとえば，遺伝子組換え作物の安全性に不安を感じる消費者が多くいたとしても，WTO のルールはそれらを輸入しなければならないと定めているだろうか。

・なにが安全でなにが安全でないかについて，科学者の間で意見が分かれているような場合は，輸入を認めるかどうかをどのように判断すればよいのだろうか。

第 6 章

貿易救済措置

〈学習のポイント〉
・貿易を制限する貿易救済措置が認められるのはなぜだろうか。
・貿易救済措置を利用できるのはどのような場合だろうか。
・日本は貿易救済措置をどの程度利用しているだろうか。

1　貿易救済措置とは何か

(1)　措置の概要

貿易救済措置は，輸入によって輸入国の国内産業に損害が発生している場合に，損害を被った国内産業を救済するため，輸入国が損害の原因となった輸入を一時的に制限する措置である。

WTO は，主として 3 つの貿易救済措置をとることを加盟国に認めている。

1 つめは**セーフガード**措置で，予想外の事態が発生した結果輸入が増加し，それによって輸入国の国内産業が重大な損害を被っている場合に発動できる輸入数量制限などの措置である。

2 つめは**アンチダンピング**措置で，輸出企業が本国での価格よりも安い価格で産品を輸出しているなどにより，輸入国の国内産業が実質的な損害を被っている場合に発動できる追加的関税などの措置である。

3 つめは**補助金相殺措置**で，輸出企業が本国政府から補助金を受け取ることで本来よりも安い価格で産品を生産・輸出しており，それによって輸入国の国内産業が実質的な損害を被っている場合に発動できる追加的関税などの措置である。

(2) WTO ルールの概要

　貿易制限効果を有する貿易救済措置が WTO において認められているのは，貿易救済措置は長期的には WTO の目的に合致すると考えられているためである。3 つの貿易救済措置それぞれの WTO における存在意義については，本章 2 以下で説明する。

　ただ，貿易救済措置は少なくとも短期的には自由貿易を妨げる措置であるので，なるべく抑制的に用いられる方が望ましい。また，貿易救済措置の発動が WTO の目的に反して濫用されないように確保する必要がある。

　そこで GATT は，どのような場合に貿易救済措置の発動が認められるか（**発動要件**）や貿易救済措置として具体的にどのような措置を取ることができるか（**発動措置**）に関するルールを定めている。またセーフガード協定，アンチダンピング協定，補助金協定は，発動要件や発動措置に関して GATT を補完するさらに詳細なルールを定めている。貿易救済措置を発動しようとする輸入国の政府（**調査当局**）は，国内産業に損害をもたらしている輸入産品（**調査対象産品**）について，GATT などに定められた発動要件が満たされているか否かの調査を行い，発動要件が満たされていると認定する場合には，貿易救済措置を発動するか否かを決定する。なお，発動要件が満たされているからといって輸入国は貿易救済措置を発動しなければならないわけではなく，実際に貿易救済措置を発動するか否かは輸入国政府の判断に委ねられている。また，アンチダンピングと補助金相殺措置については，原則として，輸入国の国内産業による要請があった場合に調査が行われる。

　なお，セーフガードについては，農業貿易に関する特別なセーフガードが農業協定に規定されている（⇒第 7 章 3 (2)参照）。

(3) FTA ルールの概要

　貿易救済措置は，FTA においても許容されることが一般的である。GATT24 条は，FTA 域内の「実質上のすべての貿易について」「関税その他の制限的な通商規則」を廃止することを求めているが（⇒第 3 章 4 (2)参照），FTA 域内において貿易救済措置を廃止することを求めるものではないと理解されて

いる。ただ，FTA が貿易救済措置について WTO 協定より厳格なルールを定める場合も少数だがある。またセーフガードについては，2 で述べるように，FTA の域内でのみ発動できる特別なセーフガードが設けられることもある。

　以下では，セーフガード，アンチダンピング，補助金相殺措置のそれぞれについて，グローバル経済体制における意義と日本を含む WTO 加盟国による利用状況について触れたうえで，GATT，セーフガード協定，アンチダンピング協定，補助金協定に定められている発動要件および調査手続，発動措置，FTA に定められる追加的なルールについて説明する。

2　セーフガード

(1)　意義および利用状況

①　意義

　WTO において貿易制限効果を有するセーフガード措置が認められているのは，セーフガード措置を認めた方が長期的には貿易自由化を促進すると考えられているためである。このような考え方には 2 つの理由がある。

　第 1 に，セーフガードは輸入によって損害を被った国内産業に対し産業の立て直しを図ったり，より競争力のある他産業への転換などを図ったりする猶予期間を与える。産業の立て直しや転換に成功すれば，輸入国はそれまで以上に生産や貿易を拡大し，貿易自由化に貢献すると期待される。第 2 の理由はより政治的なものである。すなわち，輸入産品との競争にさらされる国内産業が自由化に強く反対し，自由化を政治的に困難にすることがあるが，輸入によって重大な損害を被った際にはセーフガード措置で救済するとの安心感を国内産業に与えることで，このような反対を和らげると期待される。言い換えれば，セーフガードは，国内産業の貿易自由化に対する不満を発散させる「安全弁」として機能することで，長期的には貿易自由化を促すと考えられている。

②　利用状況

　セーフガード措置の発動は，後述するアンチダンピング措置と比べれば，それほど活発ではない。WTO の統計によれば，1995年から2018年末までで，

セーフガードに関する調査が行われたのは347件，実際にセーフガード措置が発動されたのは172件となっている。インド，インドネシア，トルコなど，新興国による調査や発動が多いのが特徴である。

　日本がセーフガードに関する調査を行った唯一の事例として，2000年のネギ，生シイタケおよび畳表に関するセーフガード調査があるが，調査の途中で主たる輸出国である中国と上記3品目に関して「秩序ある貿易を促進」するための体制を構築することに合意したため，セーフガード措置の発動には至らなかった。

(2)　発動要件と調査手続

①　発動要件

　セーフガードは，以下の4つの要件が満たされた時に発動することができる。

　第1に，セーフガード措置を発動しようとする調査対象産品の**輸入が「増加」**していなければならない（セーフガード協定2条1項）。輸入の絶対量が増加している場合（絶対的増加）のみならず，当該産品の輸入国における市場シェアが増加している場合（相対的増加）も含まれる。どの程度増加していなければならないかについての厳密な指標はなく，調査当局は，発動要件を満たすのに十分な輸入の増加があるか否かをさまざまな事情を総合的に考慮しつつ判断しなければならない。

　第2に，調査対象産品の輸入が**「事情の予見されなかった発展の結果」**として増加していなければならない（GATT19条1項）。貿易自由化によって輸入がある程度増加するのは予見されることであるが，そのような当然に予見される輸入の増加はセーフガード措置の対象とならない。セーフガード措置の発動要件を満たすには，貿易自由化の際には予見されなかった事態が生じた結果として輸入が増加していなければならない。

　第3に，国内産業が，**「重大な損害」**を被っているか，そのような損害を被るおそれがなければならない（セーフガード協定4条）。ここで国内産業とは，調査対象産品と「同種」または「直接に競合する産品」を生産している産業を

意味する（セーフガード協定4条1項(c)）。「重大な損害」が具体的にどの程度の損害を意味するかについての統計的指標はなく，調査当局は，輸入の増加率および増加量や市場シェア，国内産業の生産や雇用などの状況を踏まえて判断することが求められる。

　第4に，輸入の増加と重大な損害との間に「**因果関係**」がなければならない（セーフガード協定4条2項(b)）。輸入の増加と重大な損害の双方が認められる場合であっても，重大な損害の原因が輸入の増加ではなく別の要因（たとえば消費者のし好の変化による国産品に対する需要の減少）にあるならば，輸入の増加と重大な損害との間に因果関係は認められない。

② 調査手続

　セーフガード協定には，発動要件に関する調査手続についてのルールも定められている。たとえば輸入国は，セーフガードに関する調査を開始する場合やセーフガード措置を発動する場合などには，WTOのセーフガード委員会に通報しなければならない（セーフガード協定12条）。また，セーフガード措置を発動しようとする輸入国は，調査対象産品を輸出しており，したがって当該セーフガード措置に実質的な利害関係を有する関係加盟国と事前の協議を行い，当該セーフガード措置によって関係加盟国が受けうる貿易上の悪影響を補償することなどについて合意するよう努めなければならない（セーフガード協定12条3項および8条1項）。補償についての合意が成立しない場合には，セーフガード措置によって影響を受ける輸出国は輸入国に対して対抗措置を発動することが認められうる（セーフガード協定8条2項）。

(3) 発動措置と灰色措置

① 発動措置

　輸入国は，発動要件が満たされていると認める場合には，セーフガード措置として，調査対象産品について，譲許税率よりも高い関税を課したり輸入数量を制限することができる。輸入国がセーフガード措置として輸入数量を制限する場合には，輸入数量の枠を輸出国間で配分することが求められる（**輸入割当**）。輸入国は，輸入数量枠の配分を輸出国との合意によって決定するか，そ

のような合意がなされない場合には，原則として，輸出国の過去の輸出実績などに基づき決定しなければならない。

　セーフガード措置の発動は，重大な損害を防止しまたは救済し，かつ，損害を被った国内産業の建て直しや転換を容易にするために「必要な限度」で認められる（セーフガード協定5条1項）。あまりに高い関税を課したり輸入を完全に禁止することは，「必要な限度」を超えるセーフガード措置とみなされるおそれがある。また，セーフガード措置はあくまで一時的な措置であり，原則として4年以内，最長でも8年以内に撤廃しなければならない（セーフガード協定7条）。さらに，セーフガード措置は原則として調査対象産品を輸出しているすべての国を対象として発動されなければならず，特定の輸出国のみをセーフガード措置の対象とすることはできない（セーフガード協定2条2項）。

② 灰色措置

　輸入国が，セーフガード措置としてWTOで認められた措置を発動する代わりに，輸出国に対して輸出の自主規制などを求めることがある。これは，セーフガードの発動要件や発動措置についてのWTOの厳しいルールを回避するため取られる措置であるが，透明性を欠き濫用される恐れも大きい**灰色措置**であるとして非難されている。これについてセーフガード協定は，セーフガード措置の代わりに輸出自主規制などを行うことを明示的に禁止している（セーフガード協定11条1項）。

⑷ FTAにおけるルール

　FTAは，セーフガード協定上のルールを確認するにとどまるものが多いが，なかにはFTA締約国間ではセーフガード措置を発動しないよう求めているFTAもある。

　これについて，2⑶で述べたように，セーフガード協定はすべての輸出国を対象としてセーフガード措置を発動しなければならないと定めているため，FTA締約国間でのセーフガード措置の不発動を求めるFTAはセーフガード協定に違反するのではないかとの懸念もある。この問題について明確な結論は出ていないが，少なくとも，セーフガード調査とセーフガード措置とが同じ輸

出源（輸出国）を対象としていなければならないとされる。調査の対象と措置の対象がパラレルであることが求められるため，**パラレリズム要件**とも呼ばれる。この要件によれば，特定のFTA締約国をセーフガード措置の対象から除外する場合には，セーフガード調査も当該FTA締約国を除外して行わなければならない。

　このほかFTAにおいては，しばしば，FTA締約国間においてのみ適用できる特別のセーフガードが導入される。これによれば，FTAに基づく追加的な貿易自由化約束（関税譲許）の結果，FTAの一方の締約国から他方の締約国への輸入が増加し，それによって他方の締約国の国内産業が重大な損害を被るか重大な損害を被るおそれがある場合に，他方の締約国はFTAに基づく追加的な貿易自由化の約束を撤回することが認められる。このような特別セーフガードは，FTAに基づく追加的な貿易自由化によって重大な損害が生じた場合には救済が与えられるという安心感を国内産業に与えることで，FTAに基づく追加的な貿易自由化に対する国内産業の不満や反対を発散させる「安全弁」としての機能を有している。なお，FTAに基づくセーフガード措置として発動できるのは，通常，FTAに基づいて行われた追加的な関税譲許の撤回にとどまり，WTO協定に基づき行われた関税譲許を撤回することは認められない。また，セーフガード措置の発動期間がWTO協定上のセーフガード措置のそれよりも短めに設定されるなど，FTAに基づくセーフガードにはWTO協定に基づくセーフガードよりも厳しいルールが課せられることもある。

3　アンチダンピング

(1)　意義および利用状況

① 意義

　GATTにおいて貿易制限効果を有するアンチダンピング措置が許容されているのは，「不公正」な貿易とみなされている**ダンピング**輸入によって損害を被った国内産業を救済するためである。ダンピング輸入とは，**正常の価額**より

も低い価格で行われる輸入である。

　ダンピング輸入がなぜ「不公正」なのか，そもそもどのような価額が「正常」なのかについて，合理的な説明があるわけではない。また，GATTやアンチダンピング協定は，輸出企業が正常の価額よりも低い価格で輸出をすることで輸入国市場に損害をもたらす行為は「非難すべき」と定めるのみで，ダンピング輸入それ自体を「不公正」と明示的に定めているわけではない。

　ただ，一部の国内産業の間ではダンピングが「不公正」であるとの認識が根強く支持されているため，その認識に合理性がなくとも，「不公正」と認識されているダンピングに対して何らかの救済を与える政治的な必要性はあろう。アンチダンピングは，しばしば経済的合理性を欠くとして批判されるが，WTOの貿易体制を維持するための必要悪とはいえるかもしれない。

② 利用状況

　アンチダンピングは，調査の件数，措置発動の件数とも非常に多い。WTOの統計によれば，1995年から2018年末までに5,725件の調査が行われ，そのうち3,805件において実際にアンチダンピング措置が発動されている。米国，EU，オーストラリアといった先進国による調査や発動も少なくないが，インド，アルゼンチン，ブラジル，中国といった新興国による調査や発動も非常に多い。他方で，日本がアンチダンピング調査を行ったのは9件，アンチダンピング措置の発動に至ったのは8件にとどまっている（WTO成立以前のものを含めた2019年7月末現在の件数）。

　また，アンチダンピングはしばしば貿易紛争の火種となり，WTO紛争処理手続で争われているものも多い。これは，アンチダンピングの発動要件の認定が恣意的に行われやすく，またアンチダンピング措置の発動が輸出国に与える影響が小さくないことなどによる。日本も，米国の発動したアンチダンピング措置などに関し，繰り返しWTO紛争処理手続においてGATTやアンチダンピング協定の違反を主張し，おおむね主張を認められてきている。日本はまた，ドーハ・ラウンドの**ルール交渉**において，アンチダンピングの発動要件などを明確化および厳格化するための主張を行っていた。

　本文でも述べたとおり，日本のアンチダンピング調査・措置の件数は少数にとどまっている。

　日本によるアンチダンピング調査・措置の件数が少数にとどまっていることは，自由貿易の促進という観点からは望ましい。他方で，日本の国内産業を「不公正」なダンピング輸入から保護するという観点からは，日本はアンチダンピング措置を十分に活用できていないともいえる。特に，近年日本の国内産業は中国をはじめとする新興国からの廉価な輸入との競争にさらされており，そのような廉価な輸入の中にはダンピングと認定されうるものもあることを考慮すれば，今後はアンチダンピング措置の活用を検討する必要があろう。

　日本の国内産業の中には，米国や EU などによるアンチダンピング調査・措置の対象とされてきた苦い経験から，ダンピングよりもむしろアンチダンピングの方が「不公正」な貿易慣行であるとの思いも根強い。しかし，日本と諸外国との貿易関係が変わりつつある今日，日本のアンチダンピングに対する姿勢も再検討の時期に来ている。

(2)　発動要件と調査手続

① 発動要件

　アンチダンピング措置は，以下の３つの要件が満たされた時に発動することができる。

　第１に，ダンピング輸入が行われていなければならない。調査当局は，調査対象産品について，各輸出企業の正常の価額と輸出価格とを比較し，輸出価格が正常の価額よりも低い場合にダンピング輸入が行われていると認定する（アンチダンピング協定２条４項）。

　正常の価額は，原則として，各輸出企業が本国で調査対象産品と同種の産品を販売している価格（**本国価格**）をもとに決定される（アンチダンピング協定２条１項）。たとえば，輸出企業がある工作機械を本国では100万円で販売する一方同じ工作機械を外国に80万円で輸出している場合，正常の価額は100万円となる。輸出価格が正常の価額よりも20万円安いため，この輸出企業は工作機械に

ついてダンピングをしているとみなされる。ただし，輸出企業の本国において同種の産品についての「通常の商取引」が行われていない場合などには，本国価格に代えて，第三国向けの輸出価格（**第三国価格**）や輸出企業の同種の産品の費用や妥当と考えられる利潤額などをもとに決定される価額（**構成価額**）が正常の価額として用いられる（アンチダンピング協定2条2項）。

　ダンピングの認定は価格や費用に関する複雑な計算を必要とするため，恣意的な認定が行われやすい傾向にある。なかでも繰り返しWTO紛争処理手続で争われている問題が，**ゼロイング**と呼ばれるダンピング認定方法の違法性である。ゼロイングは，調査対象産品に関する取引のうち，正常の価額と輸出価格との差額（正常の価額から輸出価格を引いた値）がマイナスとなる取引（正常の価額よりも高い価格で輸出されている取引）については差額をゼロとみなしたうえで，ダンピングの有無や**ダンピング・マージン**（正常の価額と輸出価格との差額分で，ダンピングの大きさを示す。アンチダンピング税額の上限となる）を認定する手法である。ゼロイングが用いられると，正常の価額と輸出価格との差額がマイナスとなる取引が実質的に無視されることになるため，ダンピングが認定されやすくなったり，より大きなダンピング・マージンが認定されたりする。日本などは，ダンピング認定を行う際には本来調査対象産品に関するすべての取引の正常の価額と輸出価格を比較しなければならず，一部の取引を実質的に無視するゼロイングはアンチダンピング協定に違反すると強く非難している。WTO紛争処理においても，ある種のゼロイングについてはアンチダンピング協定に違反することが認定されている。ドーハ・ラウンドのルール交渉の中では，日本などゼロイングを明示的に禁止すべきと主張する加盟国と，米国などゼロイングが認められるべき状況があると主張する加盟国が対立していた。

　第2に，国内産業が「**実質的な損害**」を被っているかそのような損害を被るおそれがある，または国内産業の確立が実質的に遅延していなければならない。ここで国内産業とは，調査対象産品と「同種の産品」を生産している産業を意味する（アンチダンピング協定4条1項）。「実質的な損害」が具体的にどの程度の損害を意味するかについての指標はないが，一般的にはセーフガードの発動要件として求められる「重大な損害」よりも程度の軽い損害と考えられて

いる。調査当局は，ダンピング輸入の量や国内産業の状態に関する経済的指標などを踏まえ，実質的な損害が生じているか否かを判断しなければならない（アンチダンピング協定3条2項および3条4項）。

第3に，ダンピング輸入と実質的な損害との間に「**因果関係**」がなければならない（アンチダンピング協定3条5項）。ダンピング輸入と実質的な損害の双方が認められる場合であっても，実質的な損害の原因が輸入の増加ではなく別の要因にあるならば，ダンピング輸入と実質的な損害との間に因果関係は認められない。

② 調査手続

アンチダンピング協定には，アンチダンピング発動要件に関する調査手続が調査対象企業の過剰な負担とならないようにするためのルールが定められている。たとえば，アンチダンピング調査を開始するためには，通常，輸入国の国内産業による調査開始の申請があり，かつダンピング輸入によって国内産業が実質的な損害を被っていることについての「十分な証拠」がなければならない（アンチダンピング協定5条1項および5条3項）。また，調査当局は通常輸出企業など利害関係者から提出される証拠に基づいて調査を行わなければならず，それ以外の一般に利用可能な証拠（**知ることができた事実**）に基づいて調査をできるのは利害関係者が証拠の提出を拒否する場合などに限られる（アンチダンピング協定6条）。

(3) 発動措置

輸入国は，発動要件が満たされていると認める場合には，アンチダンピング措置を発動することができる。アンチダンピング措置としてとることができる措置は，追加的関税（**アンチダンピング税**）か**価格約束**のいずれかである。その他の措置をとること，たとえば，ダンピング輸入を行っている輸出企業に対して損害賠償を求めることや刑罰を科すことなどは認められない（米国の1916年アンチダンピング法事件）。

アンチダンピング税の税率は，正常の価額と輸出価格との差額分（ダンピング・マージン）を上限としなければならない。輸出企業によってダンピング・

マージンの大きさは異なるので，アンチダンピング税の税率は輸出企業ごとに決定される。ダンピング・マージンよりも少ない額のアンチダンピング税（**レッサー・デューティー**）によって国内産業の損害を除去できるとみなされる場合には，そのような少額のアンチダンピング税を課すことが望ましいとされる（アンチダンピング協定9条1項）。実際には，ダンピング・マージンと同額のアンチダンピング税が課されることが多い。なお米国は，徴収したアンチダンピング税を，アンチダンピング調査を申請した国内産業などに分配する法改正を行ったが，WTO紛争処理手続において，このような分配はダンピング輸入に対してとることのできるアンチダンピング措置には含まれないとしてアンチダンピング協定違反を認定された（米国のバード法事件）。

　輸入国政府は，アンチダンピング税を課す代わりに，輸出価格を引き上げる旨の約束（価格約束）を輸出企業から受け入れることができる（アンチダンピング協定8条）。ただ実際には，輸出価格が約束通り引き上げられているかを監視するのは困難であることなどから，輸入国政府が価格約束を受け入れることはまれである。

　アンチダンピング措置は，ダンピング輸入によって国内産業が損害を被っている限りは発動を継続できる（アンチダンピング協定11条1項）。ただし，発動から5年が経過したアンチダンピング措置は，措置が撤廃されるとダンピング輸入による実質的な損害が存続または再発する可能性があると決定される場合を除き，撤廃されなければならない（アンチダンピング協定11条3項）。アンチダンピング措置が撤廃されるとダンピング輸入による実質的な損害が存続または再発する可能性があるかを検討する調査のことを，**サンセット・レビュー**という。

(4) FTAにおけるルール

　日本が締結したFTAを含め，多くのFTAは，GATTやアンチダンピング協定上の義務を確認するにとどまる。

　ただ一部のFTAは，アンチダンピング措置の発動要件や手続義務をGATTやアンチダンピング協定のものよりも厳しくしたり，発動措置を限定する定めを置いている。ごくわずかだが，FTAの締約国間ではアンチダンピ

ング措置を発動してはならないと定めている FTA もある。

4　補助金相殺措置

(1)　意義および利用状況

① 意義

　補助金協定によれば，政府や公的機関による「**資金面での貢献**」や「**所得又は価格の支持**」があり，それによって「**利益**がもたらされ」ている場合に，補助金が存在するとみなされる（補助金協定1条1項）。「資金面での貢献」には，資金や物品の提供のほか，税額の控除なども含まれる。

　補助金は国の産業政策の重要な手段であり，補助金を交付することは補助金協定によっても一般的には禁止されていない。しかし補助金の中には，貿易を歪曲する効果を有するものもある。そこで補助金協定は，一部の企業や産業に限定して交付されるという意味で「**特定性**」のある補助金を，歪曲効果のある補助金として，以下のような規律の対象としている（補助金協定1条2項および2条）。

　まず，特に歪曲効果の大きい補助金については，補助金協定はこれを禁止している。具体的には，輸出が行われることを条件として交付される補助金（**輸出補助金**）と輸入産品よりも国内産品を優先して使用することを条件として交付される補助金（**国内産品優先使用補助金**）が禁止されている（補助金協定3条）。禁止されているこれらの補助金は，**レッド補助金**と呼ばれることがある。

　次に，禁止されていない補助金であっても他の加盟国に「**悪影響**」を及ぼすものについては，そのような「**悪影響**」を相殺する措置の対象とすることが認められている。相殺措置の対象となる補助金は**イエロー補助金**と呼ばれる。たとえば競争関係にある他の加盟国の企業や産業からの輸出を妨げるような補助金は，「他の加盟国の利益に対する著しい害」をもたらすイエロー補助金であるとして，補助金協定に基づく救済措置の対象となる（補助金協定5条(c)，6条，7条8項）。また輸入国の国内産業に損害を発生させる補助金もイエロー補助金とされ（補助金協定5条(a)），補助金相殺措置の対象となる。

補助金相殺措置は、「不公正」な輸入によって国内産業が損害を被っている場合の救済措置であるという意味で、アンチダンピング措置と同様の意義を有する貿易救済措置である。アンチダンピング措置と異なるのは、補助金相殺措置において「不公正」な輸入とみなされているのが補助金の交付を受けた産品の輸入（**補助金輸入**）であるという点である。すなわち、輸出国が自国の企業や産業に補助金を交付し、それによって当該企業や産業がより安い価格で輸出できるようになっているのは不公正であるとの考えである。

② 利用状況

補助金相殺措置は、アンチダンピングと比べると調査の件数も措置発動の件数もそれほど多くない。WTO の統計によれば、1995年から2018年末までに541件の調査が行われ、そのうち285件において実際に補助金相殺措置が発動されている。米国、EU、カナダといった先進国による調査や発動が中心であり、途上国による調査や発動の件数は少数にとどまっている。補助金相殺措置も、アンチダンピング措置とともに、WTO 紛争処理手続でしばしば申立ての対象となっている。また、レッド補助金や「他の加盟国の利益に対する著しい害」をもたらすイエロー補助金についての紛争処理申立ても少なくない。

日本が補助金相殺措置に関する調査を行ったのは、1983年4月に開始されたパキスタン産綿糸に対する調査と2004年8月に開始された韓国ハイニックス社製 DRAM に対する調査のみで、前者については措置を発動しないとして調査終了、後者については調査に基づき2006年1月より補助金相殺措置を発動した。その後、WTO 紛争処理手続において当該措置が補助金協定に違反していると認定されたため、2008年9月に修正が加えられた。当該措置は2009年4月に撤廃されている。

以下では、補助金相殺措置の発動要件と発動措置について説明する。

(2)　発動要件と調査手続

① 発動要件

補助金相殺措置は、以下の3つの要件が満たされた時に発動することができる。

COLUMN ⑧：米中貿易摩擦と補助金協定

　中国は，さまざまな産業支援を積極的に行っているが，米国は，中国の産業支援措置により市場が歪められていると批判している。米中貿易摩擦の背景の1つには中国の産業政策がある。

　米国が批判する産業支援措置の中には，補助金協定上問題となりうるものもある。

　たとえば米国は，中国政府が鉄鋼やアルミニウムについて多額の補助金を交付していることが，鉄鋼やアルミニウムの過剰生産の原因になっていると批判している。特にアルミニウムに対する補助金について米国は，他のWTO加盟国企業との競争を歪めるイエロー補助金に相当すると主張してWTO紛争処理に申し立てた。鉄鋼やアルミニウムの過剰生産は，米国が通商拡大法232条に基づき鉄鋼やアルミニウムの輸入に追加的関税を課した背景ともなっている。

　また，補助金協定によって規律される補助金の定義をめぐる争いもある。

　たとえば米国は，中国の国有企業が他の中国企業に優遇措置をとることも補助金に相当するとして，そのような補助金交付を受けた輸入に対して補助金相殺措置を発動している。しかしWTO紛争処理においては，補助金協定で補助金とみなされるのは政府や公的機関による支援であり，政府でも公的機関でもない国有企業による優遇措置は補助金協定上の補助金ではないと判断された。この判断を受けて，米国，EU，日本などは，国有企業を規律する新たなWTOルールの策定を求めている。

　このほか米国は，中国が補助金協定で義務付けられている補助金の通報を適切に行っていないとも批判している。米，EU，日本などは，WTOの通報義務を強化する提案をしている。

　第1に，調査対象産品について補助金輸入が行われていなければならない。言い換えれば，調査対象産品について輸出企業の本国が補助金を交付していることが認定されなければならない。調査当局は，輸出企業の本国による「資金面での貢献」や「所得又は価格の支持」があり，それによって輸出企業に「利益がもたらされ」ているかを調査し認定する。

　第2に，国内産業が，**「実質的な損害」**を被っているかそのような損害を被るおそれがある，または国内産業の確立が実質的に遅延していなければならな

い。「国内産業」や「実質的な損害」については，アンチダンピングとおおむね同様のルールが定められている（補助金協定15条および16条）。

　第3に，補助金輸入と実質的な損害との間に「**因果関係**」がなければならない（補助金協定15条5項）。因果関係についても，アンチダンピングとおおむね同様のルールが定められている。

② 調査手続

　補助金相殺措置に関する調査の手続についても，アンチダンピング調査手続と同様のルールが定められている（補助金協定11条1項および3項，12条，22条，25条11項）。

(3) 発動措置

　輸入国は，発動要件が満たされていると認める場合には，補助金相殺措置を発動することができる。補助金相殺措置としてとることができる措置は，追加的関税（**補助金相殺関税**）か**約束**のいずれかである。

　補助金相殺関税の税額は，当該関税の対象となる輸出企業に交付されている補助金の額を上限としなければならない（補助金協定19条2項）。アンチダンピング税と同様，上限よりも少ないレッサー・デューティーを課すことが望ましいとされる。

　輸入国は，補助金相殺関税を課す代わりに，補助金の廃止や制限などについての輸出国政府からの約束を受諾するか，輸出価格を引き上げる旨の輸出企業からの約束を受け入れることができる（補助金協定18条）。

　補助金相殺措置は，補助金の悪影響を相殺することを目的としているため，補助金輸入によって国内産業が損害を被っている限りは発動を継続できる（補助金協定21条1項）。ただし，発動から5年が経過した補助金相殺措置は，措置が撤廃されると補助金輸入による実質的な損害が存続または再発する可能性があると決定される場合を除き，撤廃されなければならない（補助金協定21条3項）。

(4) FTA におけるルール

　日本が締結した FTA を含め，多くの FTA は，補助金協定上の義務を確認するにとどまる。

　ただ，一部の FTA は，補助金相殺措置の発動要件や手続義務を厳しくしたり，発動措置を限定する定めを置いている。また，禁止される補助金の対象を輸出補助金や国内産品優先使用補助金以外の補助金に拡大する FTA もある。このほか TPP 協定においては，国有企業に対する補助金などの優遇措置を規制するルールが挿入されている。

〔考えてみよう〕
・セーフガード措置や補助金相殺措置の発動件数が比較的少数にとどまっているのに対し，アンチダンピング措置の発動件数が非常に多いのはなぜだろうか。
・これまでに日本の企業が対象となった貿易救済措置の事例を調べてみよう。どんな企業，どんな産品が多いだろうか。
・日本が貿易救済措置をこれまであまり利用してこなかったのはなぜだろうか。

第 7 章

農業貿易

<学習のポイント>
・グローバル経済体制において，農業はどのように位置づけられるのだろう
か。
・農業貿易はどのように自由化されてきたのだろうか。
・農業貿易は今後，どのように規制されていくのだろうか。

1　グローバル経済体制における農業貿易

　グローバル経済体制において，各国は依然として多くの農業保護政策をとっ
ている。そのような保護政策を正当化するためにしばしば援用されるのが，農
業の産業としての特殊性である。たとえば，有事の際の食糧確保の観点から自
国農業の保護を訴える者は，安全保障における農業の特別な意義を強調する。
また，農村人口の維持や環境・景観の保護から自由化に反対する者は，農産物
の供給にとどまらない，農業の多面的な機能を主張している。さらに，農業で
は産業調整が困難であると唱える者は，農業で用いられるノウハウや機械の特
殊性に依拠している。

　それに加えて，各国による保護政策の背景には，農業の政治的な側面が存在
する。すなわち，選挙における「票田」としての役割である。他の産業と同様
に，農業の生産者たちは農業協同組合（農協）という利益集団を形成し，当選
を目指す政治家にロビー活動を通じて働きかける。政治家は官僚による補佐を
受けながら，農業保護政策を立案しその維持に尽力する。これはほぼすべての
国に同様にみられる構図である。農業保護政策は，消費者による明示または黙
示の承認のもと，農家による利益集団，農家の支持を受けて当選した政治家，

農業を所管する官僚などの利害関係者によって形成されてきた。実際，鉱工業品とは異なり，農業は小規模生産者が多く，また天候に左右されるため，このような政策による介入が正当化されやすいという事情もある。

　各国による保護政策が広く見られたことを受け，GATT の下では農業貿易は自由化の例外として長らく位置づけられてきた。しかし，1980年代後半，農業貿易も次第に自由化の対象となり，この自由化の流れは WTO の設立によって確実なものとなる。ただし，他の物品と比べると自由化の程度は低いままである。また，さらなる自由化を目指すドーハ・ラウンドが停滞しているため，農業分野に関する交渉も現在のところ見通しは不透明である。その結果，農業貿易の自由化の舞台は WTO から FTA などへと移りつつあるように見える。

　本章では，第二次世界大戦後の国際経済秩序において，農業貿易が次第に自由化されていく過程を検討する。まず，WTO の前身である GATT における農業貿易の位置づけを確認し，続いて，WTO における農業貿易に対する規律を検討する。最後に，近年の FTA における農業貿易の自由化の傾向を明らかにする。

2　GATT における農業貿易

(1)　GATT における例外

　第二次世界大戦後，GATT は貿易の自由化を目的とし，4 つの基本原則のもと，ラウンドを通じてさまざまな産品の自由化を達成してきた。しかし，すべての産品が同じペースで自由化されてきたわけではない。鉱工業製品については関税の引下げが実現され，自由化の焦点が非関税障壁へと移行したが，農産物に対しては当初から GATT の自由化の規律が弱く，実際，多くの例外が設けられていた。

　数量制限禁止原則について，GATT は農産物に関する例外を設けている（GATT11条 2 項）。たとえば，加盟国は食糧不足が生じた場合，国内に優先的に食糧を回す必要があるため，輸出を禁止・制限することが認められる（⇒第

3章2(2)参照)。また，国内で農産物が過剰に供給されている場合，価格下落を回避するために，漁獲量の制限やコメの減反など生産量を調整することがあり，このような場合にも輸入を制限することができる。

さらに，補助金に関しても，1955年の GATT 改正によって工業製品については輸出補助金が禁止されたが（⇒輸出補助金については第6章4参照），一次産品である農産物はその例外として位置づけられた。すなわち，農産物については，世界貿易における自国シェアを「衡平な取分」を超えて拡大しないことを条件に，輸出補助金を交付することが認められた。

(2) 米国と欧州の農業政策

このように，GATT において農業貿易は自由化の例外として位置づけられたが，その流れを決定づけたのが米国の農業政策である。1955年，米国は，国内農業を保護するために，農産物の輸入制限に関する**義務免除（ウェーバー）**を取得した（⇒ウェーバーについては第4章4参照）。このウェーバーは期間や対象に制限がないという点できわめて広範なものであり，米国は18品目に対して輸入制限を実施した。その結果，他の諸国も米国に倣ってウェーバーを取得するなど，農産物に対する規律は弱体化した。

他方で，大西洋を隔てた欧州でも，農業の自由化に対抗する動きが進行していた。1958年，欧州経済共同体（EEC）が設立され，**共通農業政策（CAP）**が実施された。同政策は域内の農業を保護することを目的とし，一方で輸入農産物に対して課徴金を課すことによって域内の価格を維持し，他方で域内の余剰農産物は輸出補助金が交付され域外に放出された。欧州では他にもさまざまな農業保護政策が採用されたが，米国をはじめ，他の諸国がそれら政策の GATT 違反を問題とすることはなかった。というのも，欧州以外の諸国も，農業に関しては同様に保護主義的な政策をとっていたからである。

(3) ウルグアイ・ラウンド

このような米国および欧州の農業政策を背景として，GATT における例外規定も厳格に適用されることはなく，農業貿易は GATT の規律から大幅に除

外されていた。そのなかで，農業貿易が自由化に向かう転換点が，1986年から始まるウルグアイ・ラウンドである。

　1980年代，農業の生産性の向上により過剰生産と価格低迷が生じ，各国は輸出補助金の支給競争を繰り広げた。その結果，国際市場における農産物価格は一層低迷すると同時に，諸国の財政負担は悪化の一途をたどることになる。そのような状況のなか，米国と欧州の利害が一致し，ウルグアイ・ラウンドにおいて，農業貿易は最重要項目の１つと位置づけられることになった。同交渉では，農産物の輸出国グループと輸入国グループが激しく対立し，その妥協の産物として，「農業に関する協定」（以下，農業協定または協定）が採択された。

3　WTO 農業協定

(1) 目　　的

　WTO において農業貿易を規律するのが農業協定である。同協定は１～13部，１～21条からなるが，まずは同協定の目的に注意を払う必要がある。すなわち，農業協定の背景には，「公正で市場指向型の農業貿易体制を確立する」（農業協定前文）という長期目標が存在する。つまり，WTO 農業協定はこの目標に向かう農業貿易の改革の始まりに過ぎないのである。

　実際，同協定は，1995年からの６年間（途上国は10年）を**実施期間**と定め，この期間が終了する１年前に交渉を開始するように規定した。これは，協定中にすでに予定が組み込まれているという意味で，**ビルト・イン・アジェンダ**と呼ばれる。同規定を受けて，2000年３月に新たな農業交渉が開始され，2001年には現在のドーハ・ラウンドに組み込まれた（図表７-１参照）。

　農業協定前文にはさらに，農業への助成保護を実質的かつ漸進的に削減すること，また世界の農産物市場における制限や歪みを是正・防止することが長期目標として示されている。この目標を実現するため，協定は，**市場アクセス**，**国内助成**および**輸出補助金**に関するルールを定めている。

　以下ではこれら農業協定の「３つの柱」を順次検討するが，その前に農業協定の適用範囲について確認しておこう。同協定は「農産品」に適用されるが

（2条），その範囲は附属書1が規定しており，そこでは魚および魚製品が除外されている。なお，林産品はそもそも農産品ではなく鉱工業品として扱われるため，農業協定の規律が及ばない。したがって，協定は，魚・魚製品を除く農産品の市場アクセス，国内助成および輸出補助金に規律を及ぼすことで，公正で市場指向型の農業貿易体制を確立する基礎となることを目的としている。

図表 7-1　農業貿易の改革プロセス

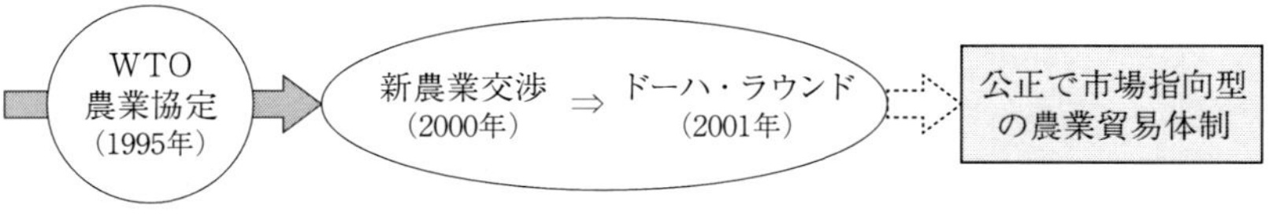

(2)　**市場アクセス**

　他国の農産品が自国市場に入ってくる（アクセスする）際，各国はさまざまな手段を用いてこのアクセスを妨げ，自国の農業を守ろうとする。その手段は関税措置と非関税措置とに大別されるが，農業協定は，非関税措置を関税措置に転換する「**関税化**」（関税 譲 許）を各国に義務づけている（4条2項）。その理由は，非関税措置は関税措置よりも市場に大きな歪みをもたらすからである（⇒第3章2(1)参照）。

　ただし，関税化したとしても，あまりにも高い関税が課せられれば，外国産の農産品は国内市場に入ってくることはできず，事実上の輸入禁止となってしまう。そこで農業協定は，関税化された農産品については，1986〜88年の期間と同じ輸入量を確保し，関税化以前の自由化のレベルを維持するよう加盟国に求めた。また，輸入量が少ない産品については，最低限輸入すべき量（**ミニマム・アクセス**）を定め，その量を徐々に拡大するように義務づけた。なお，日本はウルグアイ・ラウンドの結果，それまで輸入を制限していたコメ以外の産品（小麦，大麦，乳製品，落花生，こんにゃくいも，繭・生糸，豚肉など）を関税化した。

　さらに農業協定は，非関税措置の関税化と並んで，関税を引き下げることで農産品の市場アクセスの拡大をはかっている。すなわち，先進国は協定発効後

の6年間の実施期間において，農産品に対する関税を平均36％（各産品について少なくとも15％）削減することを約束した。他方で，途上国は10年間で，平均24％（各産品について少なくとも10％）関税を引き下げることに合意した。また，後発開発途上国は関税引き下げの義務は負わなかったものの，農産品に対する現行の関税譲許を維持する（保護する方向に修正・撤回しない）ことが義務づけられた。

以上のような市場アクセスを確保するルールに対し，農業協定では2つの例外が規定されている。

第1に，5条が定める**特別セーフガード**である。WTO加盟国は，ウルグアイ・ラウンドで関税化した農産品を，譲許表（じょうきょひょう）（⇒第3章3(1)参照）の中で特別セーフガードの対象として指定することができる。そのように指定された農産品については，輸入数量が一定の水準を超えた場合，または輸入価格が一定の水準を下回った場合，自動的に追加の関税を課すことができる。これはGATT19条・セーフガード協定が規定する通常のセーフガード（⇒第6章2参照）と類似するが，「国内産業の重大な損害またはそのおそれ」の立証が不要など，緩和された条件で発動することができる。なお，日本は2019年7月までに，特別セーフガードを500件以上発動している。

第2に，**特例措置**である。農業協定附属書5は，一定の場合，関税化の義務から免れることを定めている。これを特例措置と呼ぶが，そのためには最低限の輸入量（ミニマム・アクセス）を拡大するなど，厳しい要件を満たさなければならない。日本は当初，コメについてこの特例措置を適用して関税化を回避したが，その代わりに，少なくとも国内消費量の4％にあたる37万9000トンのコメを輸入し，その後，毎年0.8％ずつ輸入量を段階的に拡大することが義務づけられた。この制度に基づいて輸入されるコメを**ミニマム・アクセス米（MA米）**と呼ぶ。MA米の輸入は，最終的に2000年に国内消費量の8％まで拡大することが予定されていたが，1999年，日本は関税化するほうが有利であると判断し，特例措置の適用を停止してコメの関税化に踏み切った。その結果，2000年以降，MA米の輸入量は当初予定されていた国内消費量の8％から7.2％に減少すると同時に，MA米以外の外国のコメも関税（1kgあたり341円）を支払

えば輸入可能となった。

(3) 国内助成

　各国は自国農業を保護す
るためにさまざまな手段を
とるが，その１つは，税金
を補助金として投じて国内
の農家や農業を支援するこ
とである。このような国家
による支援を**国内助成**（国
内補助金）と呼ぶ。国家はそれぞれ独自の農業政策を有しており，国内助成を
一律に禁止することはできない。他方で，あらゆる国内助成を認めてしまえ
ば，輸入農産品は，助成を受けた国内農産品に対して国内市場で競争上不利な
立場に置かれてしまう。

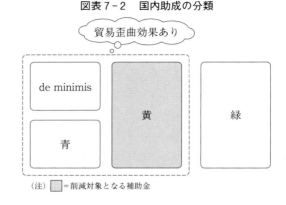

図表７-２　国内助成の分類

(注)　[　]＝削減対象となる補助金

　そこで農業協定は，削減対象とならない補助金と削減対象となる補助金を区
別することで，上記の微妙なバランスを図ろうとした。まず，農業貿易に悪影
響を与えないと考えられる補助金は「**緑**」の政策と呼ばれ，削減の対象とはな
らない。その例としては，研究，自然災害対策，構造調整，環境対策などがあ
げられる。続いて，貿易を歪める効果をもつ補助金は「**黄**」の政策と呼ばれ，
削減の対象となった。具体的には，先進国は1986～88年の期間に支払われた国
内助成の20％を６年間で削減するように求められた（途上国は10年間で13％削
減）。ただし，貿易歪曲効果が認められる場合でも，交付額がきわめて少ない
（**デミニミス，de minimis**）補助金（６条４項）や，「**青**」の政策と呼ばれる生産制
限を伴う一定の直接支払（６条５項）は削減対象とはならない（図表７-２参照）。

(4) 輸出補助金

　すでに述べたように，GATT においては農産品への輸出補助金は例外とし
て位置づけられ，事実上規律が及ばない領域であった。それに対して，WTO
農業協定では原則として輸出補助金を禁止し（８条），例外的に交付が認めら

れる場合を規定している（9条）。

　たとえば，輸出補助金が削減約束の対象となっている場合がこの例外に該当する。協定は，各加盟国に農産品への輸出補助金を削減する義務を課している。具体的には，9条1項に列挙された6種類の輸出補助金について，1986〜88年に交付された補助金額の36％（途上国は24％）を削減するように求めている。よって，加盟国はこれら6種類の補助金に関して自らの譲許表において削減を約束した場合，その範囲において輸出補助金を交付することが認められる。

　このように農業協定はいくつかの輸出補助金を削減対象として指定したが，9条に列挙されていない補助金は削減対象外である。その結果，削減対象外の輸出補助金を用いることで，協定上のルールを迂回することが懸念された。そこで協定は，9条に列挙されていない輸出補助金であっても，「輸出補助金に関する約束の回避をもたらし又はもたらすおそれのある方法で用いてはならない」（10条1項）という迂回防止規定を設けた。

　しかし，輸出補助金に関する規律を強めたとしても，それ以外の「**非商業的取引**」によって迂回されれば，その規律は弱まることになる。そこで，農業協定は非商業的取引についても「輸出補助金に関する約束を回避するために用いてはならない」（10条1項）と定めたが，ここで特に問題となるのが，**輸出信用**などによる迂回である。輸出信用とは，政府系金融機関などが輸出に関連して行う融資や信用保証などを指す。たとえば，他国の輸入業者に対して，自国農産品の購入代金を通常よりも低い金利で融資すれば，それは輸出補助金と類似の効果をもつ。また，先進国の穀物商社が途上国に農産品を輸出する場合，取引先の破綻などにより代金を回収できないリスクを伴う。このようなリスクに対して，穀物商社は一定の手数料を支払うことで，政府や政府系金融機関から輸出信用保証を得る。この保証により，仮に途上国側が支払い不能になった場合，政府などから代金の補償を得ることができる。このとき，信用保証を得るための手数料の額を低く抑えれば，輸出補助金と同様の効果が発生する。また，食料援助も，使い方によっては補助金と似た効果をもちうる。

　このような「隠れた」補助金をどのように規制するかに関して，ウルグア

イ・ラウンドでは合意することができなかった。そのため，農業協定は加盟国に対して，国際的に合意された規律の作成に向けて努力し，合意が得られた後は当該規律に服するよう求めるのみであった（10条2項）。よって，一見したところ，輸出信用については現時点では農業協定の規律は及ばないように思われる。しかし，米国の綿花補助金制度が問題となった紛争事案において，上級委員会は，輸出信用に関しても10条1項の規律に服すると示した。その結果，輸出信用も，輸出補助金に関する約束を回避するために用いられる場合には，10条1項の「非商業的取引」として削減義務の違反となる。

4 現代の農業貿易

(1) WTO 農業交渉

2000年に開始した農業交渉は，2001年からドーハ・ラウンドに組み込まれ，現在，市場アクセス，国内助成および輸出補助金という「3つの柱」について交渉が進められている。しかし，他の分野と同様，農業交渉も難航しており，そもそも関税削減率などすべての加盟国に適用されるルールの基本方針（**モダリティ**）を決定できていない。2004年にようやく基本的な考え方をまとめた枠組み合意が成立したものの，2008年7月の非公式閣僚会合でもモダリティに関する合意は得られなかった。また，2013年の第9回閣僚会議（インドネシア・バリ）や2015年の第10回閣僚会議（ケニア・ナイロビ）では，農業分野において一定の進捗が見られたものの，現在，包括的な最終合意の見通しは立っていない。

このような農業交渉の停滞の背景には，同交渉をめぐる諸国間の深刻な対立が存在する。農業交渉の場合，先進国 v.s. 途上国という図式に，食糧輸出国 v.s. 食糧輸入国という対立が重なり合う。その対立点は多岐にわたるが，たとえば，**途上国向けの特別セーフガード制度（SSM）**は，2008年の非公式閣僚会合が頓挫した大きな理由であった。食糧輸入国である途上国（インド，中国）は，農業協定の特別セーフガードよりも緩やかな条件で発動可能な特別の制度が必要であると強く主張した。もちろん，途上国がSSMを頻発すれば事実上の保護主義へと至る。そのため，米国をはじめとする先進国はSSMの発動要件の

厳格化を求め，この対立が非公式閣僚会合の失敗を招く大きな一因となった。

　このSSMをめぐる対立において注目すべきは，途上国のなかでもウルグアイやパラグアイといった食糧輸出国はSSMの規律強化を主張していたという点である。すなわち，途上国といっても農業に関しては一枚岩ではなく，国内農家を自由化から保護することで開発を進めようと考える途上国と，積極的に自国の農産物を輸出することで開発を図ろうとする途上国が存在する。農業交渉を含めたドーハ・ラウンドの停滞は，このような先進国 v.s. 途上国という単純な図式に収まらない，加盟国間の複雑な利害関係によってもたらされているのである。

(2)　FTAにおける農業貿易の規律

　ドーハ・ラウンドの停滞によって，貿易の自由化の舞台はWTOからFTAに移りつつある。それでは，農業貿易に関してFTAはどのような影響を与えるのであろうか。

　FTAではWTOを超える自由化が求められるため，必然的に農産品もさらなる自由化の対象となる。もちろん，各国はそれぞれに国内事情を抱えているため，FTAにおいても一定の農産品は自由化の対象から除外されることが多い。しかし，TPPをはじめとする自由化のレベルが高いFTAに参加する際，現在保護されているすべての農産品を自由化の対象から除外することは不可能である。したがって，FTAによる貿易自由化の進展は，「国家が保護すべき農産品とは何か」「自国農業をいかに保護すべきか」などについて，国内で激しい議論を巻き起こすことになる。

　農業貿易が自由化の対象となるということは，**比較優位の原則**が農産品についても厳格に適用されることを意味する。すなわち，他国の農産品との競争において相対的に劣る分野は，別の競争力ある分野へと移行しなければならない。貿易自由化はこのような国内における**構造調整**を前提とするのであり，農業もその例外ではない。確かに，本章の冒頭で指摘したように，農業の特殊性によって構造調整は他の産業以上に困難かもしれないが，貿易の自由化を前提とする限り，構造調整を避けることはできないのである。

COLUMN ⑨：FTA と日本の農業

　日本は1955年に GATT に加入して以降，農業の自由化を徐々に行ってきたが，大きな影響を与えたのは米国との農産物をめぐる交渉である。米国は特に，日本が牛肉とオレンジに課していた数量制限を問題とし，その自由化を強く迫ってきた。最終的に，牛肉とオレンジをめぐる日米間の交渉は1988年に合意に達し，1991年に両者に課せられていた数量制限が関税化された。その後，日本はウルグアイ・ラウンドにおいて，コメを除くすべての農産品を関税化し，コメについても1999年に関税化した。ただし，日本は一部の農産品については高関税を維持し，国内農業保護の政策を維持してきた。

　しかし，WTO から FTA への移行という大きな流れの中で，日本の農業保護政策は見直しを迫られている。2018年3月，米国を除く11か国が CPTPP に署名し，同年12月，国内手続を終えた日本を含む6か国の間で発効した。コメや麦などの品目については関税が維持されるものの，農産物の82％について関税が撤廃されることになった。また，2019年2月1日には，日欧 EPA が発効した。その結果，日本がこれまで EU 産のチーズや豚肉などに課してきた関税が削減された。さらに，2019年9月26日，日米貿易協定に関する最終合意がなされ，米国産農産品に課せられている関税も TPP 水準まで引き下げられる見通しである。FTA の進展により，いよいよ本格的な農業自由化の波が日本に押し寄せようとしている。

　第二次世界大戦後の農業貿易の傾向，すなわち保護主義から自由貿易への変遷，さらに WTO から FTA への移行という流れが今後大きく変わることはないように思われる。実際，日本はこれまで農業貿易の自由化の恩恵を受けてきた。たとえば，日本の食料自給率はカロリーベースで38％（2017年），生産額ベースで66％（2017年）とその低さを懸念する声も聞かれるが，翻っていえば，現在の日本の豊かな食生活や食文化は，外国の農産品なしには維持できないことを示している。

　もちろん，「食料安全保障」という言葉で示されるように，食の安全など，自由貿易以外の重要な価値が農業や農産品に存在することは否定できない。しかし同時に，農業の自由化という国際的な傾向を無視してその流れに乗り遅れることは，日本の農業にとっても致命的な影響をもたらしかねない。よって重要なことは，農業貿易の自由化を基軸としつつも，自由化がもたらす弊害や損失を緩和し是正することである。ただし，その対応を個々の農家に完全に委ねることはできない。また，日本の農業の行方を最終的に左右するのは消費者である。FTA を通じた日本の農業の本格的な自由化を前にして，農業に直接従事する者はもちろんのこと，日本政府，農協および消費者の役割と責任が一層問われることになるだろう。

もちろん，FTA に参加しないという選択も理論的にはありうる。しかし，WTO での交渉が行き詰まり，今後の国際的なルール形成の舞台が FTA へと移りつつあるなかで，農業保護を理由として FTA への参加を完全に拒むことは政策として現実的ではないだろう。というのも，そのような政策は国内の他の産業のみならず，消費者からも理解が得られないように思われるからである。

　したがって，FTA への参加を前提とした場合，農業に関して考慮すべき重要なことは以下の 3 点である。第 1 に，自国農産品の国際競争力を可能な限り高めることである。価格や品質における競争力の向上はもちろんのこと，外国の農産品との差別化を通じて，比較優位を形成し輸出を振興することが鍵となる。第 2 に，構造調整が必要であるとして，そのための猶予期間を確保するということである。FTA に参加したからといって，完全な自由化が直ちに求められるわけではない。FTA の交渉においては，セーフガード措置（⇒第 6 章 2 参照）も含め，構造調整のための猶予期間をいかに確保するかが重要となる。第 3 に，構造調整に伴って必要な経過措置をとるということである。FTA への参加は多くの分野に利益をもたらしうるが，他方で，構造調整が必要となる農業分野に不利益をもたらす。したがって，政府の措置を通じて，農業分野が負う不利益を国民全体で（部分的にではあれ）分担しなければならない。

　FTA を通じた農業の自由化は国内の農業に大きな変化をもたらすが，そのような変化にすべての農家が個別の努力で対応することは不可能である。よって，政府や中間団体が適切な方向づけや支援を行うことで，農業の自由化を進めていく必要があるだろう。

〔考えてみよう〕
・貿易の自由化は私たちの食生活にどのような影響を及ぼしてきたか，また今後及ぼすのだろうか。
・WTO 農業協定が問題となった紛争事例を調べてみよう。
・今後，グローバル経済体制のなかで日本の農業はどうあるべきなのだろうか。

第 8 章

サービス貿易

<学習のポイント>
・サービスのように形のないものを貿易できるのか。
・我々の生活や仕事とサービス貿易はどう関係するのか。
・外国人労働者や移民が日本に来るのもサービス貿易か。

1　サービス貿易の重要性

(1)　定　　義

　まず、「サービス」とは、その利用者に何らかの効果（効用）や満足を提供することを指す。提供されるといっても、形のあるものを渡すわけではない。漢字では役務（えきむ）と訳される。たとえば、電車や飛行機で乗客を別の場所に運ぶのは交通サービスである。また、電話やソフトウェアを使って離れた場所にいる人同士で会話できるようにするのは、通信サービスを提供することである。さらに、そうした通信サービスを利用して遠くにいる生徒に英会話を教えるのは、教育サービスを提供することである。物品の提供とサービスの提供とが似通って見える場合もあるが、厳密には区別できる。たとえば、調理された食品を販売すれば物品の提供だが、レストランで料理だけでなく雰囲気や経験を提供するのは飲食サービスの提供となる。

　提供されるサービスそれ自体は形のないものであるし、提供されるのと同時に消費されるため、保全したり返品することができない。このようにいくつかの点で、サービスを取引するのと物を取引するのとでは性質に違いがある。しかし、サービスが提供されることの対価として金銭が支払われる場合、物を売り買いするのと同じように取引されるといってよい。そして、物と同様に、

サービスも国内でだけでなく，国境を越えて取引されることがある。この意味で，物が貿易されるのと同様に，サービスも貿易されうるのである。たとえば，通信や交通などのサービスは，早くから国境を越えて提供されてきたし，両替が容易になれば，その対価を支払うことも難しくない。なお WTO では，実務（自由業・研究開発・不動産業など），通信，建設・エンジニアリング，流通，教育，環境，金融，健康・社会事業，観光，娯楽，運送，その他の12の大分野に分類している。

　もちろん，外国会社の提供するソフトやアプリであっても，無料で使う場合は，サービスの消費であっても対価の支払がないので，そもそも取引ではない（それゆえ貿易でもない）。しかし，もしオプションの機能を使うために対価を支払えば，サービスの取引に変化することもある。また，有料で国際通話するときでも，そのサービスを提供するのが日本の会社であれば，それは国内のサービス取引ではあっても，貿易ではない。このように，ある取引がサービス貿易かどうかは，3つの基準から判断することになる。第1に，提供されるのが物品かサービスか，第2に，取引が成立しているか否か，第3に，国際的な取引か否かである。サービス貿易の形態について，詳しくは次の節を参照してほしい。

(2) 態　　様
　ここで注意する必要があるのは，物品貿易と比べて，サービスの貿易にはさまざまな形態があるということには注意が必要である。たとえば，日本にいる人が米国の課金制通信アプリを使ってフィリピンにいる英語教師に英会話を習う場合を例に挙げよう。この場合，両方の人がそれぞれ自らの国にいたままで，国境を越えて教育サービスが提供される。そして対価の支払いは，外国の銀行に直接振込むという場合もあるだろうが，今日ではもっと簡単にクレジットカードや支払代行サービスなどを利用してオンラインで決済する方法も普及している。このような場合，サービス提供者もサービス消費者も自分の国，あるいは自分の家にいたままで通信，教育，決済という3分野のサービス貿易を行っているのである。物品貿易のように，物理的に国境を越える必要はない。

また，税関を通らなくとも実施できる。サービス貿易には，物品貿易とは異なる，このような特徴がある。

「第三次産業」とも呼ばれるサービス産業は，今日，日本のような先進国では GDP の70%近くを占める主要産業である。しかし，その全てが国境を越えて貿易されているわけではない。WTO 加盟国全体の貿易額に占めるサービス貿易の割合は20%程度にとどまっている。なぜ，サービスは貿易されにくいのだろうか。まず，サービスを提供したり利用したりする際には，分野にもよるが，通信技術や交通手段の制約を受けやすい。また，先進国の企業が有利になりやすいことから，途上国はサービス貿易の自由化に対して伝統的に消極的であった。詳細は省くが，その他にも様々な理由がある。

(3) 基本的なルールのあり方

1947年の GATT は物品貿易のみを対象にしていた。裏を返せば，サービス貿易については自由化や無差別の義務が及ばないので，各国はサービス貿易をどのように扱うかについて自由に規制することができたのである。その背景として，GATT が作られた際には，そもそもサービス貿易を行うこと自体がそれほど多くなく，国際ルールを設ける必要性がそもそも認識されていなかったという事情がある。

しかし，20世紀後半から，先進国を中心として，情報通信技術や交通手段が飛躍的に発達したことで企業の活動が国際化したし，自然人（生身の人）が国境を越えて移動することも容易になった。それに伴って，**サービス貿易**も増加してきている。そこで，1995年に発効した WTO 協定では，サービス貿易についての基本的な国際ルールとして「サービスの貿易に関する一般協定」（GATS）を設けた。その後も，後述（⇒3参照）するように，分野ごとの特別ルールや FTA などを設ける動きが活発である。

このように，遅ればせながらサービス貿易も国際的な自由化に向けて進む方向にある。日本でも，従来はこれまで国内企業のみに限定されていたサービス産業においても，外国企業の参入がしやすくなっていくと予想できる。逆に，日本企業が外国の市場に進出していくこともしやすくなる。上述のように，

サービス貿易は多様な形でなされるし，輸出志向のメーカーや商社などに限らず，幅広い分野の企業が行いうる国際経済活動である。おそらく，本書の読者が将来どのような職業につくとしても，サービス貿易の自由化の影響を受ける可能性は大きくなっていくだろう。

2　サービス貿易の分類

　GATSでは，サービス貿易を4つの形態（「モード」）に分類している。以下では，まずどのような形でサービス貿易がなされるのかを整理する。

(1)　第1モード：越境取引

　比較的古くから行われてきたのが，サービス提供者もサービス消費者も自らの居住する国にいたままで，手紙や電話を通じて国境を越えてサービスを提供し，対価を支払うという形のサービス貿易である。このような「**越境取引**」を便宜的に「第1モード」とも呼んでいる。

図表 8 - 1　越境取引（第1モード）とは

利用国
・サービス提供者　・サービス消費者
提供国
国境を越えて
サービスを提供

　たとえば，外国で仕事をするにあたって，現地の弁護士や会計士に事前に助言を求めるような場合がその例である。また，今日では，上で述べたような教育分野のサービス貿易も普及しつつある。

(2)　第2モード：国外消費

　その後，自然人が船や電車や飛行機を使って国外に行きやすくなったことを背景として広まったのが「**国外消費**」，いわゆる「第2モード」のサービス貿易である。この場合，サービス提供者は自らの居住する国にいたままであるが，サービス消費者の方が一時的に商用や観光旅行などの目的で一時的にサービス提供者の居住国にやってきて，そこでサービスの提供を受けて対価を支払

図表8-2　国外消費（第2モード）とは

う。たとえば，海外旅行中に現地のレストランで食事したり，現地のタクシーに乗ったりした場合，これに当てはまる。

　もちろん，現地通貨で現金払いをするような場合，一見すると国内取引と区別がつきづらいかもしれない。しかし，サービス消費者があくまで「一時的」にサービス提供者の国にいるのであるかぎり，長期的に見ればサービス消費者はその居住国におり，サービス提供者もその居住国にいる。それゆえ，実際にサービスの提供と消費が行われるのはその一方の国であっても，長期的には異なる国にいる人の間で国境を越えてサービスが提供されていると見ることができる。また，その対価の支払も，サービス消費者が居住国でかせいでその国で保有していた金銭を，両替などしてもってきたのであるから，国境を越えて金銭がサービス消費者のいる国からサービス提供者のいる国に移動したと見ることができる。

(3)　第3モード：商業拠点

図表8-3　商業拠点（第3モード）とは

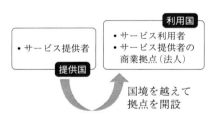

　「第3モード」とは，ある国に所在する企業が，別の国に支店などの商業拠点を作ることによって，企業本体はその国に留まりながらも，その出先機関を通して他の国にいる人にサービスを提供して対価を得るという形態のサービス貿易である。これ以外のモードは，生身の人間がサービスを提供する場合と企業がサービスを提供する場合の双方がありうる。これに対して，現地に「**商業拠点**」を設けてサービスを提供する「第3モード」は会社などの法人のみが行いうる。

　たとえば，外国の有名レストランが日本に支店を出すような例がある。この場合も，店員が日本語で応対し，客も日本円で支払いをするような場合，一見

すると国内取引と区別がつきづらい。しかし，外国で確立されたサービスを日本で提供し，そこで支払われた金銭が観念的には外国の本店に送られるのであれば，長期的に見れば国境を越えてサービスが提供され，国際的な取引がなされるといえる。むしろ，この第3モードは，後に出てくる投資の1つの形態ともいえる（⇒第9章1参照）。貿易関連投資措置（TRIMs）協定の規律対象が物品貿易に関する投資に限定されているのに対して，GATS ではサービス産業の直接投資が規律対象であるため，規律の重複は生じていない。

(4) 第4モード：人の移動

　上で見た第2モードとは逆に，サービス提供者たる自然人（会社のような法人ではなく生身の人間）が国境を越えて移動し，サービス消費者のいる国にやってきて，そこでサービスの取引を行うというのが，「**人の移動**」ないし「**第4モード**」のサービス貿易である。

図表8-4　人の移動（第4モード）とは

　たとえば，外国人アーティストが一時的に来日公演を行う場合，日本にいる観客は日本円でチケットを購入して日本国内の会場でそのパフォーマンスを堪能する。これも，第2モードとは人の流れが逆方向になるが，長期的には異なる国にいるサービス提供者とサービス消費者とが，長期的に見れば国境を越えてサービスの提供がなされ，反対方向に国境を越えて対価の支払いがなされているといえるのである。

　従来は，他国の自然人が労働することについては入国管理政策の観点から厳しい規制が設けられることが多く，第4モードのサービス貿易の展開は遅れていた。しかし2008年からは日本でも，FTA などに基づいて，外国の看護師や介護福祉士の資格をもつ専門家が看護や介護のサービスを提供することを認める制度も設けられた。外国人労働者の受け入れについては，COLUMN ⑩参照。

なお，FTA に基づいて来日した看護師や介護福祉士を含め，第 4 モードの
サービス貿易を行う自然人とは，一時的に本国外に滞在してサービスを提供す
るが短期間で元の居住国に帰るような人を指す。そのため，移民のように長期
的に定住してその国で生活基盤を築くような場合は，GATS の射程から外れ
る。また，第 4 モードのサービス貿易を自由化しようとする場合にどの分野を
どの程度まで開放するかは，各国の政策判断に任されている。さらに，たとえ
特定の分野のサービス貿易を自由化したとしても，外国人の出入国管理を行っ
たり，滞在中の参政権や市民権などに制限を設けたりすることができなくなる
わけではない。それゆえ，第 4 モードのサービス貿易を自由化すれば直ちに外
国人労働者が大量に国内に流入してくるかのようにイメージするのは避けるべ
きである。

(5)　サービス貿易の形態についてのまとめ

　国際ルールの内容を解説する前に，そもそもサービス貿易とは何かについて
詳しく述べてきた。これは，物品貿易と違う点と似た点とを明らかにしておき
たかったからである。サービス貿易は，物品貿易と違って多様な形で行われう
る。税関を通る必要もない。海外旅行などの形で一般市民であっても容易に行
うことができるし，サービス貿易の提供者と利用者の両方が一歩もそれぞれの
本国の外に出なくても，行いうる。それゆえ，我々の日常生活や企業活動に密
接に関連している。貿易というと物品貿易をイメージしやすいが，今後はサー
ビス貿易の自由化が進むと考えられるため，幅広い範囲の市民や企業に影響を
及ぼすようになると予想される。

　今のところ，全てのサービス貿易は，上記の 4 つのモードのいずれかにあて
はまるものと考えられている。しかし，サービス貿易についてはルールが発展
する余地が大きく，柔軟性も大きい。もしかすると将来は，それ以外の形態の
サービス貿易が生まれてくるかもしれない。従来のモードの組み合わせであれ
ば現行規定でも対応可能だが，既存の 4 つのモードのどれにも当てはまらない
形態が出てきた場合には，それに追いつくように国際ルールを改正する必要が
出てくる。

3　サービス貿易一般協定 (GATS) の役割

(1)　目　　的

WTO 協定の一部をなす GATS は，政府の権限の行使として提供される
サービスを除く，多種多様なサービス業における貿易行為を対象とする。その
目的を示す前文において，世界経済の成長と発展のためにサービス貿易の重要
性が増していることをまずは確認している。もちろん，サービス貿易が拡大す
ると，サービス産業の発達している先進国の企業に有利になることは容易に想
像できるだろう。そのため，とりわけ発展途上国を中心として，国家がサービ
ス貿易に規制を設ける権利があるということも，前文で明記されている。この
ように WTO 加盟国の間でサービス貿易自由化について利害対立がありうる
ことは，GATS の制度設計にも反映している。具体的には，GATS は，全て
の WTO 加盟国が守るべきいくつかの基本的なルールを定めつつ，それ以外
の事柄については今後の交渉を通じて漸進的に自由化を進めようとする。

(2)　基本原則

WTO 加盟国の全てに適用される義務は，おおむね「最恵国待遇」(⇒第 3 章
4 参照) と「透明性」に限られる。

第 1 に，GATS 2 条は，同種のサービスについて，サービスの提供された
国やサービス提供者の居住国がどこであるかによって差別することを禁止す
る。つまり，同種のサービスが提供されようとする場合において，ある国から
のサービスだけを優遇して，それ以外の国からのサービスを不利に扱うことを
禁止しているのである。この意味で，物品貿易についてと同じ一般最恵国待遇
が義務づけられている。

第 2 に，GATS 3 条では，サービス貿易に関連する国内の規制を速やかに
公表するよう義務づけている。つまり，外国から提供されるサービスについて
の各国の受け入れ態勢（法令だけでなく，行政指針などを含む）を，他の WTO 加
盟国からでも調査・確認ができるようにしている。もちろん，各国が世界中に

広告を出さなければならないわけではない。自国の規制の内容を WTO 事務局に通報し，WTO ウェブサイトで公表できるよう情報提供すればよいのである。少なくとも現状においてどの国がサービス貿易のどの分野についてどのくらい外国人・外国企業の参入を認めているかについての透明性を向上させることで，サービス産業に参入しようとする者にとって予測可能性が高まる。

　しかし，逆にいえば，物品貿易についてのそれ以外の基本原則は，サービス貿易については適用されないということである。たとえば，「内国民待遇」（⇒第3章5参照）は物品貿易の基本原則であるが，サービス貿易については全てのWTO加盟国が守るべき義務とはされていない。つまり，サービス貿易については，WTO加盟国が外国人よりも自国民を有利に扱うことが認められている。また，「数量制限」（⇒第3章2参照）も，全ての加盟国について禁止されることにはなっていない。たとえば，特定の分野のサービス業について「市場アクセス」を認めなかったり制限したりすることも，各国の裁量として行いうる。一例としては，外国の銀行が開設できる支店の数を制限し，その一方で国内の銀行については支店数の制限を設けないということがありうる。こうすることによって，外国銀行が提供するサービスの利便性を損なわせ，自国の銀行を国際競争から守ることができるからである。

　もちろん，一定の条件を満たせば，最恵国待遇原則や透明性原則に従わないことも正当化される。たとえば，地域貿易協定で特別の規則を設けることができるし（5条），GATT20条や21条のような「一般的例外」や「安全保障例外」も認められている（14条および14条の2）（⇒第4章2・3参照）。その他，国際収支の不均衡がある場合についても，制限が認められる（12条）。これらは，物品貿易についてさまざまな例外条項が設けられているのと同じような理由から認められているのである（⇒第4章参照）。

(3)　自発的に行う追加的な約束

　ただし，WTO加盟国は，自らの判断として，特定のサービスについて市場アクセスを認めるよう約束することができる（16条）。具体的には，どのような分野のサービスについて，どのような条件でどの程度まで開放するか，自国

の「**約束表**」に記載して，それを WTO に提出するという形で約束を行うことになる（20条）。これを「自由化約束」と呼ぶ。これは，物品貿易において，「<ruby>譲許表<rt>じょうきょひょう</rt></ruby>」（⇒第3章3参照）で関税率の上限を約束するのと似ている。

　いったんこのような自由化約束を行えば，それは WTO 協定の一部としてその国を拘束する。もちろん，譲許表と同じく，約束表も後から変更することは可能であるが，利害関係をもつ国との間で交渉し，合意を得る必要がある（21条）。また，自由化約束を行ったサービスについては，「内国民待遇」（⇒第3章5参照）を確保することも義務づけられる（17条）。さらに，サービス業に対する国内の規制が形だけのものではなく，合理的，客観的かつ公平な仕方で実施されることを確保する義務も負う（6条）。

　いったん市場アクセスを認めるならば，当然サービスの数量や供給者数を制限したり，取引総額を制限したり，外資の制限をしたりしないよう求められる。とはいえ，市場アクセスとはあくまで外国企業にサービス業への参入の機会を与えるだけであることは忘れるべきでない。すなわち，実際に外国企業の提供するサービスが受け入れられるかどうかを決めるのはサービス消費者であって，まさしく市場原理によって成否が決まるのである。

　これまで，たとえばクレジットカードなどによる支払いサービスについて国内の企業に限定する制度が自由化約束に違反すると判断された例がある。また，長距離国際電話サービスや外国出版物の輸入・流通サービスなどについて，表面的には外国企業を差別していないように見えても実質的に外国企業の参入を制限していれば協定違反だと認定された例がある。

(4)　今後の課題

　サービス貿易に関する GATS の規律は，物品貿易に関するルールと比べると弱さが目立つ。自由化や無差別に関する基本的な義務についてだけでなく，セーフガード措置やサービス業への補助金をどのように規律するかについても，今後の交渉によって決めると規定するのみである（10条および15条）。

　物品貿易とサービス貿易について，WTO 協定でこのように大きな違いが出ているのはなぜだろうか。もちろん，サービス貿易が増加したのは比較的最近

であるということは注意する必要がある。前章まで見てきたように，物品貿易については1947年にGATTが制定されてから徐々に規定が強化・拡大してゆき，WTO協定によって相当に詳細なルールが整備されてきた。これと比べると，サービス貿易についてはWTO協定の一部として設けられたGATSが初めてのグローバルなルールであり，物品貿易に関するルールの形成と比べて50年近く歴史が浅い。しかし，GATSは，1947年のGATTと比べても，規律がかなり緩い。物品貿易とサービスの貿易とで，国境を越えた経済活動としての性質が根本的に異なるわけではないのだから，なにか別の理由があると考えることもできる。

　まず，主な理由の1つとして，サービス業やその外国新出には先進国と途上国の間で力の差が出やすいという事情があることが挙げられる。一般的には技術力のある先進国の企業の方が，国境を越えてサービスを提供しやすいと考えられるからである。教育サービスや建設サービスを例にとると，自由化されれば先進国の企業が途上国の市場に進出しやすくなるが，逆に途上国の企業が先進国の市場に進出するのは簡単ではなかろう。物品貿易であれば，たとえば一次産品などのように，天然資源の利や人件費の安さを活かして途上国が競争力をもつ場合もままあるが，サービス貿易を行うには顧客対応が整っていたり高い運用技術をもっていたりすることが求められることも多いため，より先進国の企業の有利さが際立つのかもしれない。もちろん，インドやフィリピンなどのように英語教育やコールセンターのサービスを外国に提供し，サービス貿易を活発に行う例もあるが，一般的には，途上国はサービス貿易の自由化には消極的である。また，サービス貿易は多様な産業分野に関係する一方で，物品貿易と違って税関を通らないため，水際規制が困難である。さまざまな産業分野のさまざまな活動についての国内規制のあり方について踏み込まざるをえないことも，各国がサービス貿易の自由化に消極的になりやすい理由であろう。

　このような事情があるため，WTO協定は，ルールの展開を促すために，サービス貿易についてもラウンドを行うことを予定していた（19条）。また，金融サービスや航空運送サービスなどについては，分野ごとに先行して国際的な交渉が進められ，具体的な成果が挙がっている。しかしながら，これらは特

定の分野について自発的に自由化を約束する国についてのみ適用されるのであって，WTOの全加盟国を自動的に拘束するものではない。また，上述したように，WTO全体で進めようとしてきたドーハ・ラウンドは，停滞している。他方で，金融サービスや航空運送サービスなどについては，分野ごとに先行して国際的な交渉が進められ，具体的な成果が挙がっている。

(5) 地域貿易協定による補完

　全てのWTO加盟国に適用されるGATSの規律は，その範囲においても程度においてもかなり限定的である。また，先進国と途上国の間では利害が対立することが多く，ラウンドを通じてルールの展開を図る試みも，進展が見られない。その一方で，とりわけ先進国の間では，サービス貿易のさらなる自由化を進めたいという要請は強い。また，途上国の中にも，特定の国との間でだけあれば，サービス貿易の自由化について合意しやすい場合がある。こうした事情を反映して，FTAなどの形でサービス貿易に関する特別なルールを設けることが多くなっている。特に，先進国を中心とした一部のWTO加盟国の間では，個別の分野ごとに議定書という形でより進んだルールについて合意する動きも見られる。さらに，近年ではサービス貿易の自由化を先行させることを目的として，WTO協定の枠外でサービス貿易協定（TiSA）を作ろうとする交渉も続けられている。

4　FTAなどにおける展開

(1) FTAなどの特別ルールの役割

　第2章で見たように，FTAなどはWTO協定を補完する役割がある。とりわけサービス貿易の分野ではWTOの全加盟国に適用されるGATSのルールの内容がごく限定的であるため，なおさら地域貿易協定の役割は大きい。この点，GATS 5条は，「相当な」範囲のサービス分野についてサービス貿易に対する実質上全ての制限を撤廃するのであれば，例外として一部の国のみの間でサービス貿易に関する特別ルールを設けることを認めている。締結国の間で自

由化を相当程度進展させるのであれば，第三国との間で差別を設けてもよいという点で，物品貿易についてのGATT24条の規定（⇒第4章5参照）と同じような趣旨で設けられた規定だといってよい。

(2) 規定の概要

FTAなどにおいて，サービス貿易については独立の章（「サービス章」と呼ばれる）を設けて規定するのが一般的である。そこでは，GATSでは義務づけられていないが締約国同士であえて合意したことを具体的に規定する。たとえば，あるサービス分野のうち特定のモードのサービス貿易について，相手国との間でなされる場合に限って自由化するなどである。具体的な内容や書きぶりは協定ごとに決められ，相手国が違えば規定の仕方も異なることがありうる。たとえば，それぞれの分野の中で自由化の対象となるものだけを明記する**ポジティブリスト方式**をとるか，特に明記して除外しない限りは原則として自由化したものとする**ネガティブリスト方式**をとるかは，協定によってさまざまである。なお，第3モードについて（⇒本章2(3)参照），北米自由貿易協定（NAFTA）のように全て「投資」の一形態と位置づけて投資章に入れるものもある一方で，多くのFTAではサービス章の中に含めて規定している。

ところで，FTAなどは，一部の国の間で合意される特別ルールであるという性質上，それによって得られる便益を締結相手国の人（自然人または法人）に限定する必要が生じる。物品貿易であれば，これは原産地規則をどのように設定するかという問題となる。これと同じく，サービス貿易については，誰が，どの企業が締結相手国の人として認められるかが問題となる。自然人であれば，国籍をもつ者に限るか永住権をもつ者も含めるかなどの選択の余地がある。法人であれば，それが設立された国（設立準拠法国）が締結相手国である場合に限るか，実質的に誰に所有・支配されているかまで含めて決めるかなどの選択の余地がある。

(3) 日本の締結したFTAなどにおけるサービス貿易の自由化の特徴

そもそも，日本はすでにGATSの下で他の先進国と同等の水準でサービス

COLUMN ⑩：外国人労働者の受け入れ

　最近，少子高齢化に伴ってさまざまな分野で人手不足となっており，外国人労働者の呼び込みが課題だといった報道がなされることが少なくない。2019年からは在留資格に「特定技能」も加わり，長期間にわたって外国人が就業する可能性が広がった。これに対し，外国人移民が増えることに対して消極的な意見があることも事実である。では，第8章で扱うサービス貿易の一形態である「自然人の移動」（第4モード）は，外国人の「移民」の受け入れとどのように関係するのだろうか。

　端的にいえば，GATS に基づいてなされる「自然人の移動」は「移民」ではない。鍵となるのは「一時的滞在」かどうかである。サービス提供者がサービス利用者の居住国に一時的（数年にわたることもありうる）に滞在してサービスを提供する場合に限定されているのであって，そこに定住して生計を営むような「移民」は含まれない。それゆえ，GATS に基づいて「自然人の移動」について自由化約束を行ったとしても，その国の移民政策（永住権の付与の基準など）や入国管理政策（再入国許可の基準など）には影響を及ぼさない。詳しくは，GATS が WTO 協定の一部として策定された際に付された8本の附属書のうち，「この協定に基づきサービスを提供する自然人の移動に関する附属書」を参照してほしい。

　もちろん，これは WTO のルールは移民を対象外としているということであって，別途に FTA などにおいて，合意に基づいて移民政策まで含めて規定を設けることは可能である。

貿易の自由化を約束している。また，自由化した分野については例外なく最恵国待遇を認めている。そのためもあって，日本の締結した経済連携協定（EPA）において，GATS を大幅に上回る目立った規定を設けることは多くない。

　規定の仕方としては，GATS の分類に合わせた構成のサービス章を設けることが多い。とはいえ，メキシコやペルーとの間の EPA のように，第3モードを投資章に置くなど，北米自由貿易協定（NAFTA）に類似した規定振りになっているものもある。また，締結する相手が先進国か途上国かによっても，傾向に違いがある。なお，TPP や TPP11においては，金融サービス，電気通信サービスなどについて，GATS よりも高い水準の自由化が図られた。2018

年に始められた日米貿易交渉も，2020年の早いうちにはサービス分野を含むより広い範囲の交渉に進む見通しである。

〔考えてみよう〕
・物品貿易とサービスの貿易とで，全 WTO 加盟国が負う義務にずれがあるのはなぜだろうか。
・第1モードから第4モードまでのそれぞれのサービス貿易について，自分ではどのくらい行ったことがあるだろうか。
・日本は，どのようなサービス貿易について自由化約束しているのだろうか。

第 9 章

投資・政府調達・知的財産

〈学習のポイント〉
・投資と貿易はどう違うのか。なぜ世界「貿易」機関が投資にもルールを設けるのか。
・政府の行う調達行為についてはどのように規律されるのか。
・知的財産権の保護は貿易自由化とどう関係するのか。

1 投 資

(1) 定 義

投資とは，営利目的で事業などに「資」本を「投」じることである。会社の買収や株式の購入などさまざまな形でなされうるが，本書では特に国境を越えて行われる

図表9-1　WTOの射程

国際投資に限定する。たとえばある企業が他の国に工場を建ててそこで自動車を生産するような行為である。モノやサービスが国境を越えて移動し，その対価として逆方向に代金が国境を越えて移動するのが貿易であるのに対して，投資は国境を越えて資本が移動することのみを指し，どれだけの収益があるかまでは未確定である。この点で，投資は貿易と異なる。また，投じた資本を上回るような利益を期待する（営利目的である）という点で，寄付を行うのとも異なる。

　国境を越えて投資が行われる場合，投資をする者（企業，個人投資家または機関投資家）と投資を受け入れる者（個人または企業）との間では，それほど利害

の対立は生じない。なぜなら，投資家は自国外の物件やプロジェクトに利益の可能性を見いだすから投資するのであるし，受け入れる側としても国内で調達できないような資金が得られて助かるからである。また，投資を受け入れる者の本国（以下では「投資受入国」と呼ぶ）にとっても，たとえば先進技術をもつ外国企業の工場が国内に建てば，その工場を建設する作業で潤うだけでなく，そこで作られる原材料への需要の増加，雇用の増加，先端技術の吸収などが期待できる（もちろん，敵対的買収のような場合は事情が異なる）。

　しかしながら，投資受入国には，外国からの投資に条件を付けたり制限したりする措置（これを「**投資措置**」という）をとる誘因が生じる場合がある。たとえば，先進国企業の製造工場が途上国に建てられたとしても，全て外国から輸入された部品を使って組立てや箱詰めを行うだけであれば，技術水準の向上にはつながらないし，国産の部品産業の裾野も広がらない。その一方で，国内で組立が行われ，原産地規則によってそこで作られた完成品が国産品と認定されるならば，関税を支払う必要なしに国内市場で売ることができるので，国内の同業者にとっては脅威となる。そこで，とりわけ投資受入国が途上国である場合（⇒第12章2⑶参照），受入国は，投資しようとする企業に対して自国産の部品を一定割合以上使うよう求める（**現地調達要求**：ローカルコンテント要求）とか，輸入した部品の金額に見合うだけ輸出するよう求める（**輸出入均衡要求**）とか，一定水準以上の技術移転を求める（**技術移転要求**）ということがよく見られた。

　もちろん，外国からの投資を受け入れる途上国の視点からは，こうした要求を行うこと自体は不可解ではない。しかしながら，投資する側も投資を受け入れる側も合意しているのに，受入国政府が投資の条件について介入するというのは，自由で自発的な経済活動をゆがめる恐れがあるのもたしかである。また，投資と貿易とは互いに連関しており，切り離しがたい。投資が阻害されれば，貿易活動にも悪影響を及ぼしうる。そこで，国際的なルールが必要であるとして，WTOの一部としてルールが作られた。政府調達協定のような複数国間貿易協定ではなく，全WTO加盟国に適用される（⇒第2章2参照）。

(2) TRIMs 協定における規律の概要

WTO は，**貿易に関連する投資措置に関する協定（TRIMs 協定）** において，物品の輸出入に関連するような形で受入国政府が投資を制限すること（**貿易関連投資措置**）に対して，一定のルールを設定した。もちろん，貿易を対象とする WTO が必ずしも投資全般について扱う必然性はない。しかしながら，経済協力開発機構（OECD）などで投資の自由化について国際ルールを設けようとした試みが成功しなかったことから，WTO において，少なくとも貿易に関連する側面については，投資にも規律を広げることとなったのである。

TRIMs 協定は，その前文で，「すべての貿易相手国，特に開発途上加盟国の経済成長を拡大させるために，自由な競争を確保しつつ，世界貿易の拡大及び漸進的自由化を促進し並びに国境を越える投資を容易にする」ことを目的として示している。そして，主たる規律内容としては，GATT 3 条と11条で定める内国民待遇と数量制限禁止という原則が（⇒第 3 章 2 および 5 参照），貿易関連投資措置についても加盟国を拘束することを明記した（2 条）。つまり，投資受入国は，自国民が投資を行う際に服するよりも不利でない待遇を外国人投資家に対して認めることが求められる。また，投資の条件として輸出入の数量制限を行うことは禁止される。また，禁止される投資措置を TRIMs 協定の附属書「例示表」において例示列挙した。具体的には，現地調達要求と輸出入均衡要求は内国民待遇に反する措置として禁止され，為替規制と輸出入制限は数量制限にあたるとして禁止されることを明らかにした。さらに，貿易関連投資措置が行われているか否か判断するための材料を WTO 事務局に提供することを各加盟国に義務づけ，それによって透明性を確保しようとした（6 条）。もちろん，正当な理由があれば例外を設けることは認められるし（3 条），途上国については一定の条件の下で適用除外が認められる（4 条）。

たとえば，風力発電や太陽光発電で生産された電力の固定買取価格制度をカナダのオンタリオ州が導入したことが問題となったカナダ FIT 事件がある（⇒ FIT 制度については，第13章 3 (2) も参照）。この事案では，高めの固定買取価格を設定することで再生可能エネルギー産業の振興を目的とする制度を作ったことそれ自体が批判されたわけではない。しかし，オンタリオ州は，州内の産

業振興をもくろんで，同制度の適用を受けるためにはオンタリオ州内で製造された製品・設備を一定割合以上使用するよう条件をつけた。このような国産品優遇措置がWTO協定と適合的かどうかが問題とされ，WTO紛争処理手続で争われた結果，TRIMs協定の禁止する現地調達要求だと認定された。

　このように，TRIMs協定には，貿易と関連する範囲で，投資を阻害するような政府による規制を抑制するという機能がある。しかしながら，その内容は既存のGATT上の義務が適用されることを確認したにとどまる。たとえば，ある国において内国民待遇や輸出入の数量制限がなかったとしよう。しかし，そもそも外国からの投資が自由化されていなければ，投資を行うこと自体が制限されてしまうが，それについてはTRIMs協定では規律していない。また，TRIMs協定の射程は物品貿易に関連する範囲に限られており，サービス貿易に関連する投資は含まれていないことには注意が必要である。ただし，GATSが規定するサービス貿易の第3モードは（⇒第8章2(3)参照），企業が外国において拠点を開設するという形での投資ともいえるので，WTOではサービス分野の投資の一部についてはGATSの枠内で部分的に規律していると見ることもできる。

(3)　特別ルールによる補完のあり方

　全てのWTO加盟国に適用されるTRIMs協定の規律が限定的である一方で，一部の国の間で投資の保護や自由化のためにFTAなど（投資協定，FTA，エネルギー憲章条約など）の下で特別ルールを設ける例が多く見られる。

　まず，実際になされた投資を保護するのみならず参入段階での投資機会を保障したり，一定の分野で外国からの投資を自由化したりすることまで踏み込むものもある。また，他の競争相手との間で不利に扱われないという相対的な保護を与える規定（最恵国待遇や内国民待遇など）だけでなく，政府が守るべき絶対的な基準を定める規定（下で見る公正衡平待遇など）が置かれることが多い。さらに，投資した財産が投資受入国によって収用された場合に補償を受けるための基準や手続を定めたり，投資措置によって被害を被った投資家自身が投資受入国を訴えることのできる投資家対国家の紛争処理制度が設けられたりする

ことも珍しくない（⇒第10章3参照）。このように，地域的なルールとしても TRIMs協定を大幅に上回る詳細かつ強化された規律が形成されており，大きな展開が見られる。

　FTAなどの規定はむろん多様であるが，共通する特徴的な要素もいくつかある。実体的な規定としては，第1に，外国企業が投資した財産に対して受入国が「公正かつ衡平な待遇」（**公正衡平待遇**）を与えるという規定がある。その内容は一様ではないものの，相当な注意を払うこと，投資家の正当な期待を保護し恣意的な取り扱いをしないことなどが義務づけられる。第2に，投資に関連して投資受入国が民間企業などと個別に契約を結ぶ場合，その契約を守ることまで条約上義務づける規定（いわゆる「**アンブレラ条項**」）がある。傘をさせばその下にあるもの全てが濡れなくてすむように，政府と外国企業が対等の立場で結んだ契約を含め，包括的に保護するという趣旨である。ただし，どのような性質の契約まで条約上保護されるのかについては，争いとなることが多い。第3に，投資の「自由化」については，自由化約束する分野をポジティブリスト方式で記載するかネガティブリスト方式で記載するかに分かれる。第4に，「内国民待遇」については，そもそも投資を行う機会を与えるかどうかという段階での内国民待遇を保障することが規定される場合がある。これには，いったん投資がなされた後で投資財産を保護するという機能とは異なり，投資を自由化することの一形態として機能するという意義がある。いずれにせよ，どのような分野を自由化するかは，条約を締結する国の間の貿易・投資関係に応じて決まることになる。第5に，TRIMs協定にはない「最恵国待遇」が規定される場合，サービス貿易に関する地域貿易協定の規定と同様，締結相手国が第三国との間で締結した条約よりも不利でない待遇を保障する機能がある（⇒第8章4参照）。第6に，投資受入国が技術移転を求めたり自国民の雇用を求めたりすることは，投資すること以外に受入国にとっての見返りを求める「**パフォーマンス要求**」だとして広く禁止される。なお，TRIMs協定で禁止された現地調達要求や輸出入均衡要求なども，パフォーマンス要求の一種である。

　次に手続的な規定としては，私人である投資家が直接関与する手続が設けられる点が特徴的である。第1に，投資された財産を受入国が収用する場合につ

いて規定がある。**収用**とは，伝統的には石油プラントの国有化のような事例が想定されていたが，今日では環境基準を強化することなどによって投資財産を損なうような行為（いわゆる「間接収用」）についても規律の対象となる場合がある。収用を行う場合は，公共目的であるか，差別的でないかが考慮され，迅速かつ適切な水準の補償を支払うことが求められる。第2に，投資家と受入国との間で投資財産をめぐって紛争が生じた場合，私人である投資家が直接に受入国を訴えることを認める規定（ISDS 条項）がある。もちろん，受入国政府が財産を収用したり契約違反をした場合など，その国で不服申立てをしたり司法的救済を求めたりする道がないわけではない。しかし，とりわけ先進国からは途上国の行政・司法制度への不信感があり，私人と国家とが対等に争える国際的な仲裁手続（投資協定仲裁）を利用できるようにする道を開くことが好まれてきた（⇒第10章3参照）。もちろん，その他に協議などによって紛争を処理するための手続を定めることも多い。TPP においても同様である。

　このように，投資に関しては，WTO のルールの射程が限られている一方で，多様な特別ルールが FTA や投資協定の形で展開しているというのが現状である。エネルギー分野に限れば，エネルギー憲章条約もある。なお，いずれにせよこれらの特別ルールの便益を享受できるのは締結国の国民や企業であって，保護されるのはそれらの者が投資した財産に限定されるということには注意が必要である。それゆえ，ある国に投資しようとする際，その国が締結しているFTA や投資協定を見比べて，どの国の企業として進出するのが最も安全か検討することが通例になりつつある（⇒第13章3参照）。

2　政府調達

(1) 定　　義

　政府調達とは，公共部門のために物品を買う契約や，サービスを利用する契約を締結することを指す。「政府」には中央政府だけでなく，都道府県などの地方政府も含まれうる。さらに，政府が株式の多くを保有している民間企業も含まれうる。また，「調達」には，物品を購入することだけでなく，業務を委託

したり器具を賃貸したりすることを含む。たとえば，国が中央官庁の庁舎を新築しようとした場合，その建設作業を発注するのは政府調達である。しかしそれだけでなく，市立小学校がパソコンをリースしたり，警視庁が都内の信号システムを発注したりすることも，政府調達にあたる。このように，政府調達はさまざまな分野の産業にかかわる。

こうした公的な性格をもつ調達においては，安定性や安全保障などさまざまな要素を考慮する必要があり，経済原理に任せて自由化したり外国企業に開放したりするのにはなじまない。そのため，一般的なルールとしては，政府が行う調達については内国民待遇の義務が及ばないとされてきた（⇒第3章5参照）。

とはいえ，政府調達だからといって市場原理が全く及ばなくてよいとはいえない。たしかに，日本のような先進国では政府調達が経済全体に占める割合は小さい。だが，途上国の場合，そもそも民間の需要が大きくないために政府調達が経済に占める割合がかなり大きいという場合もある。このような国に外国企業が参入しようとするとき，もし関税などの貿易障壁の低減が進んでも，政府調達がその対象外であれば，貿易自由化の恩恵は限定的なものにとどまってしまう。また，先進国においても，産業分野によっては政府調達が市場や競争条件に大きな影響を及ぼす場合がある。たとえばスーパーコンピュータや航空宇宙産業のように，一件あたりの金額が大きく，かつ政府が顧客として大きな存在感を示すような分野である。そのような分野で政府が自国産業を過度に優遇するような政府調達を行えば，公平な競争ができなくなる。また，長期的に見れば，優遇された国内産業のイノベーションや国際競争力も損なわれる恐れがある。

(2) 政府調達協定における規律の概要

WTO では，政府調達が過度に国内産業を保護したり外国企業に対して差別的になったりしないよう，一定額以上の政府調達の公平性と透明性を確保するよう定める政府調達協定を設けた。具体的には，協定の対象機関が基準額を超える規模の政府調達を行う場合に，外国企業を不利に扱うことを禁止する（最

恵国待遇と内国民待遇）（4条）。また，原則として公開入札を行うなどの透明な
手続をとるよう義務づける（6〜11条）。さらに，個別の政府調達手続の公平性
や透明性について，不服がある企業が直接に不服申立できる制度を各国が設け
るよう義務づける（18条）。もちろん，国家安全保障にかかわる場合など，正
当な理由があれば例外的に外国企業の参入を制限することも認められる（3
条）。なお，2012年の改正政府調達協定（2014年発効）によって，電子オーク
ション等の現代的な手法についても規定するとともに，さらに政府調達市場の
開放が進んだ。

　さて，国ごとに政府調達協定の適用される対象機関と基準額が異なることに
は注意が必要である。日本についていえば，中央政府に加えて，全ての都道府
県，全ての政令指定都市，そして100社以上の「その他の機関」が政府調達協
定の対象とされている。「その他の機関」には，日本郵政グループ各社，日本
たばこ産業株式会社などの他，国立の研究機関などが含まれる。独立行政法人
や民間企業であっても，政府調達協定の規律を受けることがある。

　また，日本についての基準額は，たとえば中央政府による物品の購入であれ
ば1500万円以上，建設サービスであれば6億8000万円以上の規模であれば，上
記の義務が及ぶことになる。その一方で，地方政府（地方自治体など）について
は，物品の購入であれば3000万円以上，建設サービスであれば22億9000万円以
上の場合にのみ政府調達協定が適用されることとなっている。これは，地方政
府については入札を英語で行うなどの手間をかけることが困難な場合も想定さ
れるため，条件を緩和しているのである。なお，自主的措置として基準額を下
げる（つまり，より小さな規模の調達でも政府調達協定上の義務を引き受ける）こと
もできる。いずれにせよ，基準額は2年程度で変更されることが多いので，詳
しくは外務省ウェブサイト等を確認してほしい。

　ただし，注意すべきは，これらの義務や基準はWTOの全加盟国に適用さ
れるのではなく，各加盟国が自発的に政府調達協定に加入して初めて適用され
るということである。本書でこれまで見てきたアンチダンピング協定，投資協
定，GATSなどは，いずれもWTOに加入する全ての加盟国を拘束するもの
であった。もちろん国によってあるいは場合に応じてさまざまな例外や適用除

外が認められうるし，GATS のように 2 段階の義務を課すものもある。しかしながら，条約としては WTO 加盟国に等しく適用されるものであった。これに対して政府調達協定は，加入していない加盟国には適用されない。逆に，政府調達協定に加入していない国には，政府調達協定上の最恵国待遇も及ばない。こうした協定は，WTO の枠内にある任意参加のクラブのようなものであり，「**複数国間協定**」と呼ばれる（⇒第 2 章 2 参照）。

　政府調達協定に加入しているのは2019年末時点で47加盟国であり，WTO 全加盟国の 3 分の 1 弱にとどまる。また，そのほとんどが先進国である。やはり，途上国政府においては政府調達の際に自国企業を優遇することで産業振興を図ろうとする傾向が強いことが背景にある。そこで，2012年の改正政府調達協定では，途上国に対して特別かつ異なる待遇（S&D）（⇒第12章 3 参照）を与える義務を強化した（5 条）。こうした取り組みによって，今後は途上国の参加も増えることが期待されている。

(3)　特別ルールによる補完のあり方

　上述したように，WTO 政府調達協定は，WTO というグローバルな枠組みの中にあるが，それ自体が任意加入の特別ルールだともいえる。これ以外に FTA などを締結することによって，一部の国の間で政府調達に関する特別ルールを設けることはありうる。具体的には，すでに政府調達協定に加入している国同士でそのような特別ルールを作るような場合，政府調達協定に定められた待遇を上回るような待遇を，相互に認め合うことになる。他方で，一方が政府調達協定に未加入である場合は，政府調達協定に準じる水準の合意がなされることが多い。TPP11は，この後者の例だといえる。

3　知的財産権の保護

(1)　定　　義

　知的財産とは，新たな発明，デザイン，著作物など，人間の創造的活動により生み出されるものを指す。それらのうちの一部は，各国で法令によって財産

として保護される。それは，知的財産の創作者がその知的財産を排他的に利用できる権利（**知的財産権**）をもつことを意味する。

　どのような知的財産についてどのように知的財産権として保護するかは，各国が法政策として決定するのが原則である。しかし，そうすると知的財産権の保護のあり方が国によって異なりうる。たとえば，ある小説が，著者の本国Aでは著作者の死後50年間まで著作権を保護されているのに別の国Bでは10年しか保護されず，その後は誰でもコピーして売ることができるということが起こりうる。また，国によっては医薬品についての特許権の申請手続が過度に複雑であるとか，そもそも特許権の取得を認めないということも起こりうる。もちろん医薬品製造会社にとっては不利益であろうが，そうすることによって，ライセンス料を払うことなく誰でも安価に医薬品を供給できるようになるという政策目的に基づく。

　知的財産権の保護については，早くも19世紀から条約が作られ，その後も国際連合の専門機関である世界知的所有権機関（WIPO）などが中心となって促進してきたため，必ずしも貿易を対象とするWTOが扱わなければいけないわけではない。しかし，知的財産権を保護するための条約に加入するのは先進国が大多数であるため，グローバルなルール作りの必要性も認識されていた。

(2)　TRIPS 協定における規律の概要

　前節で見た通り，知的財産権は各国がそれぞれの国内法で創設し，保護している。それゆえ，ある国で知的財産権が認められたとしても，他の国で直ちに同じ権利として認められるわけではない。この意味で，知的財産権は国境の内にとどまるのであり，モノのようにそれ自体が国境を越えて売買されることはない（いわゆる「消尽」）。たとえば，A国で取得した特許権をB国の企業に販売すればB国の特許権として保護されるというようなことはない。同じ知的財産についてB国で特許権が認められるためには，B国の手続に従って申請し認可されることが必要となる。その一方で，各国における知的財産権の保護のあり方は，貿易にも影響を及ぼすことがある。たとえば，上述のようにB国における著作権の保護の期間が短ければ，著作物をA国からB国に輸出し

たりすることは困難になるだろう。逆に，あまりに長期に著作権や特許権を保護する国があったとすれば，その国への輸出がしづらくなることも考えられる。

そこで，貿易に関連する範囲でWTOにおいても知的財産権の保護に関するルールとして**知的所有権の貿易関連の側面に関する協定（TRIPS協定）**を設けることとなった。前の節で見た政府調達協定のような複数国間協定とは異なり，TRIPS協定はWTOの全加盟国を拘束する。一般的に研究開発の体勢が整った先進国の企業の方が知的財産権を得やすいと想定されることから，知的財産権を保護することは，特に先進国にとって利益が大きい。この協定をWTO協定の一部として成立させる際の原動力として，産業界からの要望を受けた米国政府の積極的な働きかけがあったともいわれる。それゆえ，それをWTOの全加盟国を拘束するルールとしたこと自体について，途上国からは根強い批判がある（もちろん，途上国に対する例外や猶予期間などはあるため，画一的に適用されるわけではない）。

TRIPS協定は，知的財産権を保護する目的について，知的財産の創作者とその利用者の「相互の利益」と「社会的及び経済的福祉の向上」に役立つような方法で，「技術革新の促進」と「技術の移転及び普及」の双方に資することにあり，かつ「権利と義務との間の均衡」を保つことだとTRIPS協定は規定する（7条）。そして，7種類の知的財産権（①著作権および関連する権利（コンピュータプログラムやレコードなど），②商標，③地理的表示，④意匠（デザイン），⑤特許，⑥集積回路の回路配置，⑦非開示情報（企業秘密））を保護対象とする（1条2）。このうち，**著作権，特許権，集積回路の回路配置権**についてはTRIPS協定よりも前に一部の国の間の条約という形で国際ルールが設けられていたものの，その加盟国はほぼ先進国に限られていた。また，**商標権，地理的表示，意匠権，非開示情報（企業秘密）**については国際ルールが存在しなかった。それゆえ，グローバルに適用される国際ルールの範囲を拡大したことに，まず意義がある。

なお，「地理的表示」とは，ある商品の品質や社会的評価などがその地理的原産地と強く結びついている場合に，その原産地を特定する表示のことである

（22条）。原産地の名称を保護する国際ルールはあったものの，名称以外の表示についても保護する制度である点が新しい。たとえば，同じスパークリングワインでも，厳格な認定システムを維持する仏シャンパーニュ地方で作られたもののみがシャンパンとして特に高い評価を得ているような場合の「シャンパン」という表記がその例である。TRIPS協定は，その原産地の外の者が地理的表示を不正に利用するのを防止するよう義務づける。たとえば，味や色が似ているからといって「北海道シャンパン」という表記をすることは禁じられることになる（⇒COLUMN⑪）。

　さらに，7種類の知的財産権について，WTO加盟国が保護すべきレベルの下限を明らかにした（9～39条）。すでに国際ルールがあった特許権，著作権，集積回路の回路配置権については，基本的にはそれらの条約（いわゆる「パリ条約」，「ベルヌ条約」，「ローマ条約」など）を遵守することを義務づけつつ，一部ではさらに上乗せした義務を課した。重要なのは，これまで既存の条約に加入していなかった途上国も，WTO加盟国になれば，実質的にそれらの条約上の義務を負うことになったという点である。それら条約に加入していた先進国にとってはそれほど大きな変化はないものの，上乗せされた義務については新たに対応する必要が生じる。そして，国際ルールのなかった分野については，新たに基準を設けた。つまり，知的財産権を保護するための新たな条約上の義務を設定したのである。その上で，そうした基準が実効的に守られるようにするための履行確保手続を設けることも義務づけた。具体的には，知的財産権を侵害する行為を予防するための措置をとること，もし侵害があった場合は迅速に権利者を救済する手続を整備することが全てのWTO加盟国に求められる（41条）。この他，知的財産権の保護に関する内国民待遇（3条）と最恵国待遇（4条）を義務づけた。特に，WTO全加盟国の間で最恵国待遇が認められたのは既存の多数国間条約にはなかったことであり，無差別を確保するという観点から意義がある。

　以上のように，TRIPS協定はWTO加盟国に対してかなり広く強い義務を新たに課し，私人の知的財産権の保護を強化した。しかしながら，上で見たように，金銭的価値の高い知的財産権の多くは先進国の国民が保有しているとい

われる。後発途上国に対しては猶予期間が認められているものの，それ以外の途上国は先進国と同じように義務を負うことになる。そこで，先進国の利益のために相当な負担を引き受けることに対して反発も強い（⇒第12章参照）。そのため，TRIPS 協定の履行をどのように確保するかが引き続き課題とされている。

それ以外にも，新たな論点はある。たとえば，特許権などの知的財産権を手厚く保護すると，感染症などが急速に蔓延しているような際に，迅速かつ安価に薬を提供することが妨げられるのではないかという懸念が示されている。こうした懸念に対応するため，正当な理由があれば特許権者でない者でも特許のある技術を利用できるようにする制度（「強制実施」）の利用条件を緩和することが2005年に合意された。この改正規定は2017年1月に発効したため，公衆の健康に対処するための医薬品の生産・輸出が行いやすくなった。

(3) 特別ルールによる補完のあり方

前節で見たように，TRIPS 協定が WTO 全加盟国を拘束するルールとしては過剰で強すぎると考える途上国は多く，WTO の場で先進国と途上国の間の利害対立を調整する試みは成功していない。それゆえ，先進国の間では，知的財産権についても特定の分野に限定して有志の国が集まって条約を作成したり，FTA などを利用したりすることで，より高度の保護を達成しようとする動きがある。

分野ごとの特別ルールの例としては，海賊版や模倣品の拡散を防ぐために偽造品の取引の防止に関する協定（ACTA）が2011年に署名された（2019年9月末時点で未発効）。FTA などにおいても，より高度の保護，申請手続の簡素化や透明化，履行確保制度の強化など，TRIPS 協定を超える内容の保護について合意するものがある（いわゆる「TRIPS プラス」）。TPP 交渉でも，医薬品などについて開発者と利用者の利益のバランスを図りつつ，知的財産権の保護を強化することとなった。

COLUMN ⑪：何が地理的表示として保護されうるか

　地理的表示は，ある地域に固有の気候や風土，特別な生産方法や文化・行事と結びつくことによって高い評価を確立した産品に対して，その地域を特定できる名称を用いる資格を認め，国が保護するものである。消費者に周知された形で継続的に利用することは要件とならない。商標権と違って，裁判を通して権利侵害への救済を受けることはできないが，行政的取締りは可能である。地理的表示と地域ブランド（地域団体商標）とではさまざまな違いがあるが，その両方を取得することは禁止されない。

　一部の酒類については TRIPS 協定23条に明文規定があるため，日本でも1994年から保護制度が設けられ，日本酒については「白山」，焼酎については「壱岐」，「球磨」，「琉球」，「薩摩」，ワインについては「山梨」が地理的表示として認められた。不正利用に対しては，50万円以下の罰金刑が科される。

　さらに，2015年6月に地理的表示法（特定農林水産物等の名称の保護に関する法律）が施行されたことで，農林水産品についても保護が及ぶこととなった。食用のもののみならず，観賞用の植物や魚，真珠，漆，精油，木材などについての地理的表示も保護されうる。具体的には，生産方法や特定の仕方を示す申請書を生産者団体が農林水産大臣に提出することで登録申請する必要がある。また，地理的表示として登録された場合，地理的表示を示す際に国の定めた「GI マーク」も一緒に付けることが義務づけられる。これまで，「夕張メロン」などが登録申請した。登録された地理的表示の不正利用や GI マークの不正表示があれば，懲役刑や罰金刑が科されることとなる。

〔考えてみよう〕
・いわゆる「パフォーマンス要求」とは何だろうか。なぜそれが TRIMs 協定で禁止されたのだろうか。
・なぜ政府は，外国企業が政府調達市場に参入する機会を認めるような政府調達協定に加入するのだろうか。
・日本において「地理的表示」として保護しうるものに何があるだろうか。たとえば，「江戸前寿司」，「和牛」，「日本酒」や「和食」はどうだろうか。

第 10 章

紛争処理手続

〈学習のポイント〉
・紛争処理手続が必要とされるのはなぜか。
・紛争処理手続を利用できるのは政府か企業か。
・紛争を裁くのはだれか。

1　紛争処理手続の概要

(1)　紛争処理の意義

　第 9 章までで説明したように，貿易を自由化するために，WTO 協定や FTA が結ばれている。また，投資を保護したり自由化するために，投資協定も結ばれている。しかし，WTO 協定や FTA を結んで貿易を自由化したり，投資協定によって外国投資の保護や自由化を進めようとしても，WTO 協定や FTA，投資協定に違反する措置がとられると，期待された貿易自由化や投資の保護および自由化は実現されない。また，ある国の措置が WTO 協定や FTA，投資協定に違反しているか否かについて，争いが生じるかもしれない。貿易の自由化や投資の保護および自由化を進めていくためには，WTO 協定や FTA，投資協定の違反があるか否かを明らかにし，違反がある場合にはその救済を図っていくことによって，紛争を解決しなければならない。紛争を解決するためのプロセスのことを**紛争処理**という。

　紛争処理の手続には，交渉や裁判などさまざまなものがある。紛争が発生してから，紛争当事国間で話し合い，どのような手続で紛争処理を行うかを決定することもできるが，どのような手続を用いるかについて合意することは容易ではない。どの紛争処理手続を用いるかに合意できないために，解決できない

ままとなっている国際紛争も少なくない。そこで WTO 協定や FTA，投資協定は，それぞれ，貿易や投資に関する紛争が発生した場合に，これを解決するために用いるべき紛争処理手続をあらかじめ定めている。

(2) WTO および投資協定の紛争処理手続

たとえば WTO 協定には，WTO 加盟国間の WTO 協定に関する紛争を解決するための紛争処理手続が定められている。**WTO 紛争処理手続**などと呼ばれる。GATT 時代の紛争処理手続をさらに発展させたもので，パネルや上級委員会と呼ばれる裁判所に似た組織が重要な役割を果たしている。WTO 紛争処理には，WTO が成立した1995年から2019年 7 月末までに586件の紛争が付託されており，WTO 協定に関する紛争を解決したり，加盟国に WTO 協定を守らせたりするのに貢献している。WTO 紛争処理については，本章の 2 で詳しく解説する。

投資協定には，投資協定の締約国間の紛争を解決するための紛争処理手続と，一方の締約国の投資家と他方の締約国との間の投資紛争を解決するための紛争処理手続の 2 つが定められる。前者はほとんど用いられていないが，後者は**投資家対国家の紛争処理（ISDS）**と呼ばれ，近年活発に用いられている。なお，FTA の投資ルールについても ISDS が設けられることが一般的で，投資協定に基づく ISDS と同様に，多数の投資紛争が付託されている。国連貿易開発会議（UNCTAD）によれば，投資協定が定める投資仲裁などの ISDS を利用した紛争は2016年末までに800件近くになっている。ISDS については，本章の 3 で詳しく解説する。

(3) FTA の紛争処理手続

FTA には，FTA 締約国間の FTA に関する紛争を解決するための紛争処理手続が定められている。たとえば日本が締結した FTA は，FTA 締約国間の FTA に関する紛争は，なるべく協議，すなわち話し合いによって解決しなければならず，協議によって解決できない紛争は**仲裁**によって解決することができると定めている。仲裁は裁判の一種であるが，裁判の手続が紛争の当事者に

よって柔軟に定められる点が司法裁判と異なる。

　FTA に関する紛争は，WTO 協定に関する問題も含んでいることが少なくない。FTA と WTO 協定の双方の問題を含む紛争については，FTA に基づく紛争処理手続か WTO の紛争処理手続のいずれで解決してもよい。ただ，いったんいずれかの紛争処理手続を選択した場合には，その他の紛争処理手続を利用できなくなることがある。実際には，FTA と WTO 協定の双方の問題を含む紛争については，FTA の紛争処理ではなく WTO 紛争処理を通じて解決が図られる場合が多い。これは，利用件数の少ない FTA 紛争処理手続よりも実績のある WTO 紛争処理手続が好まれるなどの理由が考えられる。

　WTO 協定には違反しないが FTA に違反している疑いのある措置をめぐる紛争は，FTA の紛争処理によって解決するしかない。ただ，少なくともこれまで日本が結んできた FTA を見る限り，FTA が定めるルールの内容は WTO 協定とそれほど大きく違わず，「WTO 協定には違反しないが FTA 適合性の問題はある措置」が問題となることはあまりない。また，FTA を結んだ国と良好な関係を保つために，FTA の紛争処理を使うことに政府が消極的となる場合もある。今後，TPP 協定や日欧 EPA のようなメガ FTA の下では，「WTO 協定には違反しないが FTA 適合性の問題はある措置」に関する紛争が多数発生する可能性もないわけではないが，少なくともこれまでのところは，FTA の紛争処理手続はほとんど使われていない。したがって，本章では FTA の紛争処理手続についての詳しい解説は行わない。

2　WTO 紛争処理

　WTO 紛争処理の基本的な手続は，WTO 協定の一部である**紛争解決了解（DSU）**に定められている。WTO 加盟国は，WTO 協定に関する紛争を，DSU に基づく紛争処理手続によって解決することを義務づけられている。GATT の下では，米国が日本などの GATT 違反を一方的に認定し関税引き上げなどの貿易制裁措置をとることがあったが，DSU はこうした**一方的な措置**を禁止している（DSU23条）。

(1) 紛争処理手続に参加する主体

① 紛争を申し立てるのは企業か政府か

WTO 協定に違反する措置がとられた場合，直接的に経済的損失を被るのは企業などである。たとえば，エビの輸入を制限する措置がとられれば，直接的に経済的損失を被るのはエビの輸出ができなくなるエビの生産者や輸出者であるし，国内の自動車メーカーを優遇する税制がとられれば，不利な競争条件を強いられる外国の自動車メーカーが経済的損失を被ることになる。

しかし，WTO 紛争処理手続を利用できるのは WTO 加盟国の政府に限られ，企業など政府以外の主体は WTO 紛争処理手続を利用することができない。そこで，他の加盟国の WTO 協定違反によって経済的損失を被った企業は，WTO 紛争処理手続を通じて違反国に違反の是正を求めるよう，自国の政府に対して働きかけることになる。たとえば経済産業省では，ホームページ上に「外国政府による不公正な貿易措置に関するホームページ相談窓口」を設け，WTO 協定上問題があると思われる外国の措置によって問題に直面している日本企業の相談を受け付けている。企業からもたらされた問題について，政府が「WTO 紛争処理を利用すべき」と判断すれば，政府は WTO 紛争処理手続でその問題の解決を試みることになる。

なお，他の WTO 加盟国の中には，企業が外国政府による WTO 協定違反についての不服を政府に申立てるための法制度を整備しているものもある。なかでも最もよく知られた法制度が，米国の**通商法301条**に基づく制度である（⇒第13章 2(1)参照）。こうした制度は，WTO 紛争処理を利用できない企業の不服の受け皿として機能することも期待されている。

② 紛争当事国と第三国

上述したように，WTO 紛争処理を利用できるのは WTO 加盟国の政府に限られる。

WTO 協定に違反する他の加盟国の措置によって損害を被っていると主張し，その問題を WTO 紛争処理手続によって解決しようとする加盟国を**申立国**と呼ぶ。これまでは，米国や EU などの先進国が特に多くの紛争で申立国となっているが，ブラジル，メキシコ，インドといった途上国が申立国となるこ

とも少なくない。日本はこれまで26件の紛争で申立国となっている（2019年7月末現在）。

　他方で，WTO協定に違反しているとの申立ての対象となる加盟国は**被申立国**と呼ばれる。被申立国も，米国やEUなどの先進国が多いが，最近は，中国やインドが被申立国となる紛争も増えている。日本はこれまで15件の紛争で被申立国となっている（2019年7月末現在）。

　申立国や被申立国は，WTO紛争処理手続におけるいわば主役であり，**紛争当事国**とも呼ばれる。紛争当事国は，紛争を解決するための協議を行ったり，後で述べるパネルや上級委員会に対して自らの主張を行ったりする。

　紛争当事国以外のWTO加盟国も，紛争に実質的な利害関係を有する場合には，**第三国**として紛争処理手続に参加することができる。実際，ほとんどの事件で，紛争当事国以外のWTO加盟国が第三国として手続に参加している。第三国は，紛争当事国間の協議に参加したり，パネルや上級委員会に対して意見を述べたりすることなどが認められる。

　さらに，紛争当事国でも第三国でもない加盟国も，**紛争解決機関（DSB）**の場で意見を述べることなどができる。DSBは，すべてのWTO加盟国から構成される組織で，後で述べるように，紛争処理手続を進めるために必要な決定を行う。紛争処理手続の進行にDSBの決定が必要とされるのは，WTO紛争処理がWTO加盟国自身によって運営される手続であるという理念を踏まえたものである。DSBが紛争処理手続に関する決定を行う際には，紛争当事国や第三国も含めたいずれのWTO加盟国にも，意見を述べる機会が与えられる。

⑵　どのような順序で手続が進められるか

① 申立てと協議

　加盟国（申立国）は，他の加盟国（被申立国）の措置がWTO協定に違反しており，それによって自国のWTO協定上の利益が損なわれていると考えるとき，WTO紛争処理に**申立て**を行うことができる（**違反申立て**）。WTO協定上の利益が損なわれていることを，WTOの用語で協定上の利益の「**無効化また**

は侵害」という。なお，DSU によれば，他の加盟国の WTO 協定に違反しない措置やその他の状態によって自国の WTO 協定上の利益が損なわれていると考える加盟国は，そのような措置や状態についても申立てを行うことができる。このような申立ては**非違反申立て**や**状態申立て**と呼ばれるが，実際にはほとんど使われておらず，本章では扱わない。

　ところで，WTO 紛争処理に申立てを行うことを，新聞などでは「WTO に提訴」と報じられることがあるが，「提訴」というのは正確ではない。WTO 紛争処理に申立てを行うのは，申立国が被申立国に対して**協議**を要請することを意味するにとどまる。協議は紛争当事国間の話し合いである。申立て，すなわち協議の要請を行ったからと言って，「提訴」したというのは言い過ぎであろう。申立国の協議要請を受けた被申立国は，要請に応じて協議を行う義務を負っている。これまで多数の紛争が，紛争当事国間の協議によって解決されている。

② パネルと上級委員会

　紛争当事国間の協議によって紛争を解決できなかった場合，申立国は**パネル**（日本政府による公式の翻訳では「小委員会」とされるが，「パネル」の方が一般的である）や**上級委員会**といった独立かつ中立の裁判的な機関によって，紛争の解決を試みることができる。すなわち申立国は，パネルに対し，被申立国の措置が WTO 協定に違反するかを審理するよう求めることができる。パネルは，申立国の要請に基づき，WTO 協定に照らして被申立国の措置の違法性を検討する。

　パネルは裁判所に似た機関ではあるが，一般的な裁判所とは異なる点もある。まず，パネルは常設機関ではなく，紛争ごとに DSB によって設置されなければならない。DSB は，WTO 協定違反の有無をパネルに判断してほしいとの申立国の要請があると，パネルを設置するか否か決定する。パネルの設置が決定されると，通常 3 人の個人がパネルのメンバー（**パネリスト**と呼ばれる）として選ばれる。パネリストとして選ばれる個人は，学者のほか加盟国政府の現職または退職した職員の場合が多い。パネルは，被申立国の措置が WTO 協定に違反しているか否かの判断を下した後，基本的には解散となる。

ところでパネルの設置に関する DSB の決定は，全会一致や多数決ではなく，**ネガティブ・コンセンサス方式**（または**リバース・コンセンサス方式**）と呼ばれる方式で行われている。この方式によれば，DSB を構成するすべての加盟国がパネルの設置に反対しない限り，DSB はパネルを設置することを決定する。言い換えれば，1 つの加盟国でもパネルの設置に賛成すれば，DSB はパネルの設置を決定する。実際には，パネルによる判断を求めた申立国は当然パネルの設置に賛成するので，すべての加盟国がパネルの設置に反対することはあり得ない。したがって，申立国の要請があれば，パネルを設置することが自動的に決定される。ネガティブ・コンセンサス方式によって，紛争処理手続が**自動化**されたといわれることがある。

　パネルと一般的な裁判所とのこのほかの違いとして，パネルは「判決」を出すわけではないという点がある。判決の代わりにパネルが出す文書は，**パネル報告**と呼ばれる。パネル報告の中身は判決と似ていて，被申立国が WTO 協定に違反しているかの結論とその理由などがまとめられている。パネルが被申立国の WTO 協定違反を認める場合には，パネル報告には，被申立国に対して協定違反を是正するよう求める**勧告**も加えられる。判決に似た内容であるにもかかわらずパネル報告を判決と呼ばないのは，パネル報告はそれ自体では法的効果をもたないとみなされているからである。パネル報告は，WTO 紛争処理の運営に責任を有する DSB に採択されて初めて法的効果をもつ。ただし，DSB によるパネル報告の採択も上述したネガティブ・コンセンサス方式によって行われており，少なくとも勝訴した紛争当事国はパネル報告の採択に賛成すると考えられることから，パネル報告の採択もパネルの設置と同様ほぼ自動的に行われている。

　パネル報告に不満を有する紛争当事国は，上級委員会に上訴を行うことができる。上級委員会は，パネル報告における WTO 協定の解釈や適用に誤りがないかなどを検討し，その結論を**上級委員会報告**として出す。上級委員会が被申立国の WTO 協定違反を認める場合には，上級委員会報告には，被申立国に対して協定違反を是正するよう求める勧告が加えられる。上級委員会報告はパネル報告とともに DSB によってネガティブ・コンセンサス方式に基づき採

択される。

　上級委員会は，パネル以上に裁判所に似た機関である。というのも，上級委員会はパネルと違って常設機関であり，パネルのように事件ごとに設置されるわけではない。上級委員会には高い権威が認められており，上級委員会の判断は，後の紛争において，WTO協定の意味を明らかにするための事実上の先例としてしばしば引用されている。上級委員会は，WTO紛争処理における「最高裁判所」のようなものといってよい。ただし，上級委員会も，パネルと同様「判決」を出すわけではないし，上級委員会の出す上級委員会報告はDSBに採択されて初めて法的効果をもつにすぎないことから，厳密には裁判所とはいえない。

　上級委員会は，本来7人の委員で構成されるが，2020年1月末現在，米国による委員の任命拒否により1人のみの在籍となっている（⇒COLUMN⑫，第2章2(2)①参照）。

③ DSB勧告とその実施

　上述したように，パネルや上級委員会が被申立国のWTO協定違反を認める場合には，パネル報告や上級委員会報告には，被申立国に対して協定違反を是正するよう求める勧告が加えられる。この勧告は，パネル報告や上級委員会報告がDSBによって採択されると，**DSB勧告**と呼ばれる。「勧告」という名前から，WTO協定違反と認定された措置を是正することは義務ではないようにも思われるが，実際には，DSB勧告を受けた被申立国は，WTO協定違反と認定された措置を撤廃したり修正したりして協定に適合させるWTO協定上の義務を負う。たとえば日本は，ウォッカなど蒸留酒に対する酒税がGATT3条2項の内国民待遇原則に違反するとパネルや上級委員会に認定され，当該酒税をGATTに適合させるよう求めるDSB勧告を受けたため，DSB勧告を実施する酒税法の改正を行った。

　DSB勧告に従ってWTO協定違反の措置を是正することをDSB勧告の**実施**という。DSB勧告は，原則として速やかに実施することが求められるが，DSB勧告の実施のために法改正など時間のかかる措置を必要とする場合には，1年程度の猶予期間（**妥当な期間**）が与えられることもある。猶予期間内に被

申立国が違反措置を是正し，申立国が納得すれば，それで紛争は解決される。しかし，被申立国が違反措置を是正しても申立国が納得せず，十分な是正がなされたかについて紛争当事国間に紛争が発生することもある。そのようなDSB勧告の実施に関する紛争は，紛争当事国間の協議によって解決するか，協議によって解決できない場合には，パネルや上級委員会に十分な是正がなされたか否かの判断が委ねられることもある（DSB勧告の実施に関する紛争についての手続は，DSU21条5項に規定されているため，「DSU21条5項手続」などと呼ばれる）。

これまでのほとんどの紛争では，被申立国はDSB勧告を実施し，WTO協定違反を是正している。しかしまれに，被申立国がDSB勧告の実施を拒み，WTO協定違反を是正しないこともある。そのような場合には，申立国は，被申立国に**代償**の支払いを求めることができる。代償は，被申立国が一定の産品の関税を下げるなどによって申立国に貿易上の利益を提供することで，被申立国のWTO協定違反によって申立国が被っている損害を補おうとするものである。ただ，どの産品についてどの程度関税を下げればよいかについて紛争当事国が合意するのは容易ではないことなどから，実際に代償が提供されたのは数件にとどまる。

DSB勧告が実施されず，代償も支払われない場合には，申立国は，被申立国に対して関税を引き上げるなどの措置により，DSB勧告を実施するよう促すことが認められる（WTO協定上の用語では**譲許その他の義務の停止**といわれるが，**対抗措置**などと呼ばれることもある）。ただし，関税引き上げなどの措置の程度は，申立国が被申立国のWTO協定違反によって被った損害（すなわち利益の「無効化または侵害」）の程度と同じでなければならないため，実際にはDSB勧告を促す効果はあまりないともいわれる。これまで，申立国がDSB勧告を実施しない被申立国に対して関税を引き上げた事例はごく少数の紛争にとどまっている。

3 ISDS ——投資仲裁を中心に

多くの投資協定には，一方の締約国の投資家（**外国投資家**）と他方の締約国（**投資受入国**）との投資紛争を解決するための手続を定めた ISDS 条項が挿入されている。ISDS 条項にはさまざまなものがあるが，ここでは最も頻繁に用いられている投資仲裁を中心に説明する。なお，投資仲裁の基本的なルールは投資協定に定められることが多いが，詳細な手続については投資紛争解決国際センター（ICSID）によって定められる仲裁規則などによって補完される。

(1) ISDS に参加する主体

① 紛争を申し立てるのは投資家か政府か

投資受入国が投資協定に違反する措置を取った場合，直接経済的損失を被るのはその国に投資をしている外国投資家である。たとえば投資受入国が，石油開発事業を行っていた外国投資家の事業施設を一方的に国有化し，適切な補償を支払うことも拒否すれば，外国投資家は多大な経済的損失を被る。また，高価格で電力を買い取るとの投資受入国の約束を前提に外国投資家が発電事業を行っていたにもかかわらず，投資受入国がそのような約束を守らなければ，外国投資家は期待した収益を得られなくなるであろう。

1960年代ごろまでは，外国投資家が投資受入国の国際ルール違反によって経済的損失を被っても，外国投資家が救済を得るために自ら用いることのできる国際手続はほとんど存在しなかった。したがって外国投資家は，投資受入国の国内裁判所などを通じて救済を求めるか，投資受入国の国内裁判所で救済を得られない場合には，本国の政府に助けを求めるしかなかった。なお，外国投資家などの私人が損害を被った場合に，当該私人の国籍国が当該私人に代わって違反国に対して救済を求める制度のことを，**外交的保護**という。

しかし，外国投資家が投資受入国の国際ルール違反による損害の救済を得るのは容易ではなかった。たとえば投資受入国の国内裁判所は，外国投資家に対して公正な判断を行わないかもしれないし，特に投資受入国が途上国である場

合にはそもそも国内裁判手続が十分に整備されていない場合も少なくなかった。また，投資受入国の国内裁判手続で救済を得られなかった外国投資家が国籍国に外交的保護を求めても，国籍国が政治的な理由などで外交的保護の行使を拒否することもあった。

　そこで導入されたのが，外国投資家が自ら救済を求めることのできる国際手続，ISDS である。近年結ばれる投資協定の多くに，ISDS 条項が含まれている。ISDS により，投資協定の一方の締約国（投資受入国）の投資協定違反によって損害を被った他方の締約国の投資家（外国投資家）は，投資受入国に対して自ら救済を求めることができるようになっている。ISDS の中でもとりわけ投資仲裁は，1990年代以降利用が急増し，投資受入国の措置によって経済的損失を被った外国投資家が救済を得るための重要な手段となっている。

　ISDS の最も重要な意義は，投資受入国の措置によって経済的損失を被った外国投資家が，一方的に（つまり投資受入国の合意を得ずに）仲裁を開始できるようになったという点にある。というのも，通常は，国際紛争を仲裁によって解決するためには，仲裁を利用することについての紛争当事者間の合意がなければならない。これに対して ISDS の下では，投資協定に関する紛争を仲裁によって解決すべきことをあらかじめ投資協定において定めることで，紛争ごとに紛争当事者（外国投資家と投資受入国）が合意しなくとも仲裁を開始できるようになっている。

② 紛争当事者

　仲裁の申立てを行う外国投資家は，**申立人**と呼ばれる。申立人となる外国投資家は，投資受入国で事業活動を行う企業の場合もあれば，投資受入国にある会社の株式をもっている株主の場合もある。投資受入国の措置によって経済的損失を被った外国投資家は，自らの本国が投資受入国と結んでいる投資協定上の ISDS 条項に基づいて，仲裁を申し立てることができる。なお，ISDS は投資協定に基づき導入された外国投資家のための特別の制度であり，投資受入国の国内投資家は自国政府に対して ISDS を利用することはできない。これまでは，欧米先進国の投資家が申立人となることが多く，特に米国の投資家による申立てが群を抜いて多い。

COLUMN ⑫：紛争処理手続の成功と挫折

　WTO 紛争処理手続や投資仲裁に付託される紛争の数は，他の国際紛争処理手続に付託される紛争の数をはるかに上回っている。付託件数の多さは，WTO 紛争処理手続や投資仲裁に対する信頼の高さを反映している。

　WTO 紛争処理手続や投資仲裁が国際紛争処理手続の成功例として称賛される理由に，紛争を法に基づき解決しているという点が挙げられる。すなわち WTO 紛争処理手続ではパネルや上級委員会が，投資仲裁では仲裁裁判所が，独立かつ公平な第三者として，WTO 協定や FTA，投資協定に基づいて紛争を解決している。法に基づく紛争解決は，強者に有利となりがちな力による紛争解決や，恣意的な判断がされやすい一方的な措置による紛争解決よりも望ましい。

　しかし近年，WTO 紛争処理手続や投資仲裁の重要性が高まるのと比例して，これらの紛争処理手続に対する批判も強まっている。

　まず WTO 紛争処理手続については，米国が上級委員会に対する批判を強めている。米国の批判によれば，上級委員会は法に基づき紛争を解決するという本来の任務を逸脱し，過去の紛争における上級委員会判断を先例法として扱うことによって新たな法を作り出しているとされる。日本や EU など他の WTO 加盟国は，上級委員会が本来の任務を逸脱しないよう確保するためのさまざまな案を提示しているが，いずれも米国の支持を得るには至っていない。米国は，上級委員会の問題が解決しない限り，新たな上級委員会委員の任命には同意しないとしている。

　また投資仲裁に対しても，欧州を中心に批判が高まっている。批判の内容は多岐にわたる。たとえば，ある事件で投資家の弁護人を務めた者が別の事件では仲裁人として投資家に有利な判断をすることがあるため，公平性を欠くと批判される。また同じルールが仲裁によって異なる意味に解釈されることもあり，一貫性を欠くことも問題視されている。より根本的には，国の正当な法や政策が，外国投資家の申し立てる仲裁において違法と認定されてしまうことへの不満がある。こうした批判に対し，EU は投資仲裁に代えて常設の投資裁判所を設立することを提案しているが，広範な支持を得るには至っていない。また国連国際商取引法委員会（UNCITRAL）では投資仲裁改革の議論が行われているが，各国の立場の隔たりは大きい。

　WTO 紛争処理や投資仲裁は，顕著な成功例であるからこそこれまでも様々な批判にさらされてきたが，今は存続の危機に立たされている。

2019年7月年末現在，日本の投資家が投資協定に定められる ISDS 条項に基づき仲裁を申し立てたことが明らかになった紛争は，2015年6月に日揮株式会社がエネルギー憲章条約に基づきスペインに対して申し立てた案件や2017年2月に日産自動車が日印 EPA に基づきインドに申し立てた案件など数件にとどまっている（⇒第13章3⑵参照）。このほか，チェコにおける銀行の譲渡をめぐり当該銀行の株主であった野村證券の子会社（投資家）がチェコに対して ISDS に基づく仲裁を申し立てた事件があるが，この子会社はオランダの会社であり，厳密には日本の投資家が申し立てた仲裁とはいえない。2013年には，日本の複数の企業（投資家）が出資してインドネシアに設立したアルミ製錬会社をめぐる当該日本企業とインドネシア政府との争いについて，日本とインドネシアとの EPA に基づき当該日本企業がインドネシアに対して仲裁を申し立てる可能性が検討されたが，結局協議によって紛争は解決された。

　申立ての対象となる投資受入国（政府）は，**被申立人**と呼ばれる。これまでは，中南米諸国や移行経済国が被申立人となることが多く，特に2001年から2002年にかけて債務危機から脱するために緊急措置を取ったアルゼンチンに対する申立てが非常に多い。また，NAFTA 締約国である米国やカナダも，被申立人となる件数が先進国としては多い。最近では，再生可能エネルギーに関する措置をめぐってスペインに多数の申立てが行われている。2019年7月末現在，日本（政府）が ISDS 条項に基づく仲裁において被申立人となったことはない。

　紛争当事者である申立人と被申立人は，投資仲裁手続において自らの主張を展開するなど，中心的な役割を果たす。紛争当事者のほかに，外国投資家の本国（投資協定の他方の締約国）などに，意見を述べる機会が与えられることもある。

⑵　どのような順序で手続が進められるか

　投資仲裁の手続は適用される投資協定や仲裁規則によって異なるが，ここでは代表的な投資仲裁の手続について解説する。なお，投資仲裁は手続の途中で両紛争当事者が**和解**に至ることも少なくなく，その場合には仲裁手続は途中で

終了となる。ICSIDの統計によれば，投資仲裁手続の4割程度が和解などにより途中で終了している。

① 協議と仲裁の申立て

ほとんどのISDSにおいて，投資協定の一方の締約国の投資家（外国投資家，申立人）は，まずは協議，すなわち話し合いによって友好的に他方の締約国（投資受入国，被申立人）との投資紛争を解決するよう試みなければならない。こうした協議は公表されないことが多いが，多くの投資紛争が協議によって解決されていると考えられる。

② 仲裁人の任命から仲裁判断の発出

一定期間協議を行っても投資紛争が解決されなければ，外国投資家は，仲裁の申立て，すなわち仲裁によって紛争を解決することを求めることができる。仲裁が申し立てられると，まず，**仲裁裁判所**（**仲裁廷**と呼ばれることもある）が構成される。仲裁裁判所は常設機関ではないため，仲裁裁判所のメンバー（**仲裁人**）は紛争ごとに選ばなければならない。仲裁裁判所は，多くの場合，申立人が任命する仲裁人1名，被申立人が任命する仲裁人1名，申立人と被申立人の合意によって任命され裁判長となる仲裁人1名の計3名から構成される。弁護士や大学教授が仲裁人として任命されることが多い。仲裁人は公正かつ独立でなければならず，たとえば申立人によって任命された仲裁人だからといって，申立人の主張を支持する立場をとるわけでは必ずしもない。

投資仲裁においては，被申立人が，申し立てられた紛争について**管轄権**を有さないと主張する場合がある。ここでの管轄権とは，裁判所が裁判を行う権限を意味する。被申立人が，紛争が投資協定であらかじめ定められた管轄権の範囲に含まれないなどの理由で仲裁裁判所の管轄権の有無や範囲を争う場合には，仲裁裁判所は，自らの管轄権の有無や範囲について決定しなければならない。これまでの紛争では，仲裁裁判所が自らの管轄権を否定する決定を行うことも少なくない。

仲裁裁判所は，被申立人が仲裁裁判所の管轄権を争わない場合や，管轄権を有すると自ら決定する場合には，被申立人が投資協定に違反しているか否かの審理を行う。投資協定に違反しているか否かという問題のことを，**本案**とい

う。仲裁裁判所は，紛争当事者が提出する書面や口頭弁論などを踏まえ，投資協定違反の有無に関する認定などをまとめた**仲裁判断**を発出する。投資協定の違反を認める場合には，仲裁裁判所は，被申立人に対し，申立人に**補償**や**損害賠償**を支払うよう命ずる。

　投資仲裁には上訴機関はないため，仲裁判断は最終的な確定判断となる。紛争当事者が仲裁判断に不満をもったとしても，通常はその修正を求めることはできない。ただし，仲裁手続に重大な問題があったなど例外的な場合には，仲裁判断が取り消されることもまれにある。特にICSIDの仲裁規則に基づく投資仲裁では，紛争当事者の請求がある場合には，仲裁判断を取り消すべき事由があるかについて，**特別委員会**が検討することになっている（ICSID条約52条）。

③　仲裁判断の実施

　仲裁判断は，両紛争当事者を拘束する。したがって，仲裁判断において補償や損害賠償を支払うよう命じられた被申立人は，補償や損害賠償を支払う国際法上の義務を負う。通常は，被申立人は仲裁判断に沿って補償や損害賠償を支払っているとされる。

　とはいえ最近では，被申立人が，仲裁判断で命じられたにもかかわらず補償や損害賠償の支払いを拒否する事例も見られる。そのような場合には，申立人は，被申立人の財産（銀行口座など）がある国において，当該財産を差し押さえるなどの強制的な措置を求めることができる。具体的には，申立人はまず，被申立人の財産がある国の裁判所に対して，仲裁判断をその国の裁判所の確定判決と同等とみなすこと（仲裁判断の**承認**）を求めなければならない。そのうえで申立人は，当該国の裁判所に対し，当該国にある被申立人の財産を差し押さえ，それによって仲裁判断において命じられた補償や損害賠償の支払いを強制的に実現すること（仲裁判断の**執行**）を求める。実際には，裁判所は，投資仲裁判断の承認は行っても投資仲裁判断の執行は拒否することが少なくない。これは，国際法上原則として裁判所が他国の政府の財産を差し押さえることは認められない（**執行免除**）ためである。

　第三国の裁判所を通じて投資仲裁判断を執行することが難しいことから，最近では別の方法で補償や損害賠償の支払いが実現されることもある。たとえば

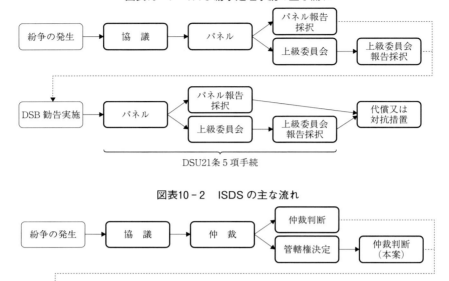

図表10-1　WTO 紛争処理手続の主な流れ

図表10-2　ISDS の主な流れ

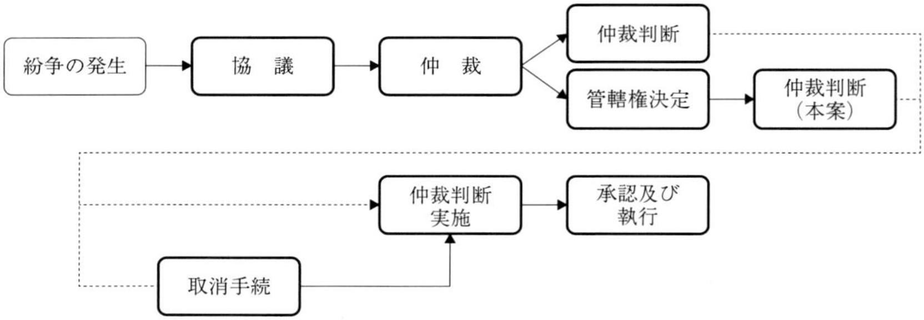

最近では，仲裁判断に基づく損害賠償の支払いを拒否してきたアルゼンチン
が，損害賠償の支払いに代えて国債を申立人に発行することで，長年続いてき
た投資紛争を部分的に解決した。また，仲裁判断で命じられた補償や損害賠償
などの支払いを拒む被申立人に対して，申立人の本国が，開発援助の提供を拒
否するなどの圧力をかけることもある。

図表10-3　WTO 紛争処理手続と ISDS の比較

	WTO 紛争処理手続	ISDS
紛争を申し立てる者	WTO 加盟国（政府）	外国投資家（企業や株主など）
申立ての対象となる者	WTO 加盟国（政府）	投資受入国（政府）
紛争を審理する者	パネル	仲裁裁判所（仲裁廷）
上訴手続	あり（上級委員会）	なし
申し立てられる紛争の内容	WTO 協定違反	主として投資協定違反
紛争処理の結果	DSB 勧告 （WTO 協定違反の是正）	仲裁判断 （補償や損害賠償の支払い）

〔考えてみよう〕
・WTO や外務省のホームページなどを使って，日本が当事国となった WTO 紛争事例を調べてみよう。
・日本の投資家は ISDS の利用に消極的といわれている。なぜだろうか。
・紛争処理手続は正統な手続といえるだろうか。貿易や投資に関する紛争を解決するためには有効な紛争処理手続であるが，自国の措置が違反と認定され，措置の是正や損害賠償金の支払いを求められる国（政府，企業，市民）の立場からすればどうであろうか。紛争処理手続の「正統性」は，学者の間で大きな問題となっている。

第Ⅲ部
現代的課題と今後の展望

第 11 章

主要国の FTA 政策

〈学習のポイント〉
- 日本, 米国, EU の FTA 政策の特徴はどのようなものか。
- 日本, 米国, EU の FTA 政策に違いはあるか。
- 日本, 米国, EU の比較から, 日本の FTA 政策にどのような示唆が得られるか。

1 FTA 交渉・締結の国際的動向

　第 2 章では, 2000年前後より世界的に自由貿易協定 (FTA) が増加していること, 2010年頃からは**環太平洋パートナーシップ** (TPP。TPP11〔正式名称はCPTPP〕として発効済。以下, TPP 協定と表記), **環大西洋貿易投資パートナーシップ** (TTIP。トランプ政権下で交渉が中止された後, 交渉範囲を限定した米欧間の貿易協定に向けて取組み中), 日欧 EPA などの大型かつ広域の FTA 交渉が開始されたことを紹介した。また, アジア地域では, 将来の**アジア太平洋自由貿易圏 (FTAAP)** の形成も目指しつつ, 主として TPP 協定, **東アジア地域包括的経済連携 (RCEP)** (参加国は日・中・韓・インド・オーストラリア・ニュージーランド) の締結・交渉が行われている。なかでも, 特に通商ルール作りという面で日本にも影響力が大きいと考えられるのは, 交渉参加国の経済規模や世界貿易に占める割合の高い TPP 協定と米欧間の取組み, 新たに署名された日米貿易協定であり, さらには, その背後にある米国, EU の FTA 政策の動向である (EUについては, 関税同盟も含む意で FTA 政策と呼ぶ)。両者と日本による近年のFTA の締結は, 概ね次のような経緯としてまとめることができる。

　まず, 米国は, 経済的・政治的関係が深い順に, 北米から中南米へ, さらに

中東地域へとその関心を広げて FTA を締結してきた。ただし，米国の通商政策は，トランプ政権下で米国の関心事項を追求して二国間交渉・協定締結に傾倒するなどこれまでと異なる様相を呈している。また，EU は，地理的に近くかつ EU 加盟候補国でもある国にはじまり，次に旧植民地であったアフリカ・カリブ・太平洋（ACP）諸国や中東諸国と FTA を締結した後，経済的関心の強まっているアジア地域へと FTA 相手国を拡げてきた。日本は，相手国からの働きかけや日本の経済界の要望などをふまえ，結果的にみると経済的・政治的なつながりの強いアジア太平洋地域を中心に EPA を締結してきている。こうしたプロセスを通じて一定の地域経済統合が進展した結果，冒頭で挙げたような日本，米国，EU が中心となる大型・広域 FTA の交渉が進められている（2019年7月末時点）。

　TPP については2016年に12か国で署名に至ったが，2017年にトランプ政権下の米国が同国の署名を撤回した。その後，米国を除く11か国は，TPP を可能な限り再交渉せず，限定的な箇所のみ適用停止する形で発効を目指した。この結果，TPP は「環太平洋パートナーシップに関する包括的及び先進的な協定」として2018年末に発効した。TPP 協定では限定的な規定を除いて TPP が組み込まれる形となっており，内容に大幅な変更はない。

　元々の TPP の中で組み込まれない規定は，TPP 協定への加入，効力発生，脱退，正文に関する規定であり，これらについては，TPP 協定が新たに関連規定をおく。TPP のうち適用が停止される規定も限定的であり（TPP 協定の附属書に記載），その大半は投資や知的財産権関連などで米国の主張に基づいたものである。TPP 協定は，今後は米国を含め締約国の拡大が課題であろう。

　以上に加えて，最近では，アフリカ，南米，アジア地域で新興国・地域によるFTA の取組みが積極的に行われている。たとえば，アフリカ大陸の多くの国々が参加するアフリカ大陸自由貿易圏（AfCFTA）設立協定が発効（2019年5月）した。南米では，メルコスールが各国・地域とのFTA 交渉を加速させている。アジア地域ではインドがFTA に積極的に取り組んでいるほか，中国は「一帯一路」政策と並行してFTA の締結も進めている。

2　米国の FTA 政策

(1)　米国の FTA 政策の経緯

　米国ではもともと広く貿易協定の締結が重要な外交政策のツールとされてき
た。たとえば，第二次世界大戦後，米国は日本と欧州の戦後の経済発展を目途
して貿易協定を締結したが，これには対共産圏という意味合いもあった。
FTA の締結も現在に至るまで重要な通商政策の手段となっている。ただし，
FTA を締結する目的が，経済的要因かもしくはより広く安全保障も含めた外
交政策的要因のいずれに比重がおかれるかは，時勢や社会的環境によって異
なってきた。

　米国において，通商政策の選択肢の1つとして明確に FTA が登場するのは
1980年代のレーガン政権下（（共）1981〜89年）である（以下，（共）は共和党政権，
（民）は民主党政権を示す）。1970年代に入って米国が貿易赤字に転じると，米国
の貿易協定締結の上では経済的利益が重視される比重が高まっていたところ，
1985年，米国の最初の FTA である米国―イスラエル FTA が締結される。こ
うした時代的背景のなかで，この FTA はやや例外的存在であった。米国―イ
スラエル FTA は，当時経済的苦境に直面していた中東地域の同盟国であるイ
スラエル支援に主眼が置かれていたからである。とはいえ，当時イスラエルと
欧州経済共同体（EEC）が FTA 交渉中であったことから，FTA が締結されれ
ば通商上不利となることを米国が懸念したともいわれる。

　米国―イスラエル FTA 締結直後に公表された1985年の新通商政策では
GATT の多角主義に加えて，地域主義も採用することが宣言され，米国の
FTA 政策が明確に表れた。この政策は，当時，欧州の消極的姿勢によりウル
グアイ・ラウンドがなかなか開始されない状況で，ラウンド以外にも二国間・
地域間の協定締結という選択肢もとりうることを米国が欧州に示したものとい
われる。同様に欧州を牽制することを主な目的として，1989年には米国―カナ
ダ FTA が締結された。

　レーガン政権を引き継いだ G.H.W. ブッシュ政権（（共）1989〜93年），クリン

トン政権（（民）1993〜2001年）は，いずれも FTA 政策を選択肢の1つとする通商政策を継承した。G.H.W. ブッシュ政権では，隣国メキシコの社会的安定をはかる観点からも FTA 締結の方針が合意され，**北米自由貿易協定（NAFTA）**の締結（署名1992年，発行1994年）に結実した。同時期に地域的イニシアチブ（地域内の個別国と FTA 等を締結することにより当該地域全体の自由化を推進するもの）である中南米イニシアチブ（Enterprise for the Americas Initiative，1990年）が公表され，これは後に**米州自由貿易地域（FTAA）**交渉へとつながっていった。

クリントン政権下では，FTAA 交渉のほか，ヨルダン，チリ，シンガポールとも FTA 交渉が開始された。なかでもヨルダンは，中東でエジプトに次いでイスラエルを国家承認した国であり，その頃開始されていた中東和平のプロセスに資するよう，米国はヨルダン，エジプトとの関係強化を目指していた。ヨルダンとの FTA 交渉はこうした背景の下で開始された（署名2000年，発効2001年。なお，エジプトとの FTA はその後試みられたものの，同国における2005年大統領選後の反民主的措置により断念されたといわれている）。

G.W. ブッシュ政権下（（共）2001〜09年），2つの要因によって，米国の FTA 政策は転機を迎える。第1に2001年の同時多発テロであり，これをきっかけに安全保障政策と FTA 政策との連携が強化されることとなった。第2に，2002年の**貿易促進権限**（Trade Promotion Authority：**TPA**）法の成立である。同法が成立した後，米国は，FTA 交渉に積極的となり，オーストラリア，モロッコ，中米5か国，バーレーン，オマーン，タイ，韓国，マレーシア等と FTA 交渉を開始したほか，地域的イニシアチブも進めた。具体的には，ASEAN イニシアチブ（Enterprise for ASEAN Initiative；EAI，2002年公表）や中東イニシアチブ（Middle East Free Trade Area；MEFTA，2003年公表）が挙げられる。これらに基づき，これまでアジア数か国，中東数か国と FTA が締結されている。政権末期の2008年には，TPP 交渉への参加も表明された。

G.W. ブッシュ政権下で安全保障政策と FTA 政策がいかにリンクしたかは，当時の国家安全保障戦略と FTA 交渉相手国の選択基準の変化を見ることで明らかとなる。同戦略では，民主主義促進のための手段の1つとして FTA の締結が挙げられている（2006年国家安全保障戦略，6〜7頁）。また，米国会計検査

院の調査によれば，2002年前後に FTA 交渉国の選定基準が変わり，米国の外交政策に対する支持の度合いが選択基準の 1 つとなると共に，戦略的友好国や同盟国との貿易関係の構築が主要因となり，同時に選定にも国家安全保障会議（NSC）と国家経済会議（NEC）がかかわるようになった（2004年 GAO-04-233，9〜14頁，2007年 GAO-08-59，12〜15頁）。

　オバマ政権（（民）2009〜17年）は発足直後，保険制度や金融制度改革などの国内問題の対応に集中し，FTA 政策が具体的に明示されなかったといわれる。しかし，その後，2014年貿易政策アジェンダで2014年中の TPP の締結，TTIP 交渉の実質的前進が目指されているように，米国の FTA 政策の力点は TPP，TTIP 交渉に置かれた。

　以上の経緯を経て，米国は15の FTA（イスラエル，カナダ（NAFTA へ統合），NAFTA，ヨルダン，シンガポール，チリ，オーストリア，モロッコ，バーレーン，CAFTA（中米），オマーン，ペルー，コロンビア，パナマ，韓国）の締結に至った。

　トランプ政権（（共）2017年〜）で米国の通商政策は大きく揺れ，保護主義に基づき二国間交渉に重点をおくものとなった。たとえば，米韓 FTA 及び NAFTA は再交渉され，米韓 FTA の再交渉は妥結，NAFTA は新たに米国・メキシコ・カナダ協定（USMCA）となり，発効を待つ段階にある。また，EU との TTIP 交渉は中止され，同国とは新たに貿易協定に向けた取組みが行われている。また，日本とも日米貿易協定が発効済である（2020年 1 月時点）。加えて大統領選挙の選挙対策が通商政策に大きく影響するなど，従来に比べて通商政策は不安定となっている。

(2)　米国の FTA 政策の特徴

　米国が締結してきた FTA を基にその FTA 政策をみると，前節でも指摘した通り経済的関心と安全保障・外交政策的関心の比重が時々の状況に応じて変わり，また二国間の交渉と地域との交渉が併用されていることが分かる。FTA の内容については，WTO 発足以降に締結された FTA を中心に，WTO プラスの内容が含まれている分野がある。具体的には，知的財産権では TRIPS 協定よりも高い保護基準が規定されていることが多いほか，WTO で

は直接の規律対象となっていない貿易と労働や貿易と環境に関する規定がみられる。さらには，投資分野の規律も含まれることが多く，投資紛争処理のため，投資家対国家の紛争処理手続（ISDS）までも含むものが多い（⇒ISDSについては第10章3参照）。最近では電子商取引（デジタル貿易）に関する先進的なルールも含まれるようになっている。

　米国のFTA政策の帰趨を検討する上で欠かせないのは議会から行政府に対して与えられるTPAの動向である。米国憲法上，通商問題は，連邦議会の権限に属することが定められている。そこで，行政府が通商問題について交渉し協定を締結するには，議会からその権限を得ることが必要となる。この権限は，特に外国とのFTAの締結にあたり，交渉結果を議会が批准する観点からも重要である。これについては，1974年通商法以来ファスト・トラック権限として行政府に付与されていたが1994年に失効，2002年にTPA法の成立によりTPAとして復活したものの，2007年6月末に再度失効した。，2015年6月にTPA法が新たに成立した。同法の期限は当初2018年6月末であったが延長され，2021年6月末までとなっている。

　また，一般に広く米国の通商政策に影響を与えうるのが政権を担当する政党である。米国に存在する二大政党のうち，共和党は基本的に自由貿易主義を信奉するといわれる一方，民主党は労働組合を支持基盤とし，国内の雇用維持の観点からも貿易自由化に慎重であり，さらには環境や労働分野に保護的な姿勢を有している。そこでいずれの政党が政権を担っているかにより通商政策の傾向が変わりうることとなる。加えて，大統領選挙の時期も通商政策に影響する。選挙前後の一定期間は，選挙活動に重点が置かれるため，通商政策が停滞しがちとなる。

　なお，米国の通商政策の動向は，**米国通商代表部**（USTR）のホームページのほか，通商法の変遷や大統領経済報告，通商政策アジェンダ，安全保障政策との関係については国家安全保障戦略における位置づけなどから概ね把握することが可能である。

3　EU の FTA 政策

⑴　EU の FTA 政策の経緯

EU の FTA 政策を考える上で重要なのは，EU 自体が地域貿易協定（RTA）の一形態である関税同盟であり（⇒第 1 章 1 ⑼参照），これまで加盟国を増やしながら統合の度合いも深め，現在では経済同盟に近い形態である点である。一般に，経済同盟とは，関税同盟に加えて資本や人の移動などの生産要素の自由化が行われる共同市場からさらに進んで，通貨管理など経済政策を共通化する形態をさす（⇒関税同盟と FTA については，第 2 章 3 参照）。

EU は1950年代に統合を開始した後，1960年代後半に関税同盟を完成，1990年代初頭に単一市場を開始，2000年代に共通通貨ユーロを導入するなど統合を深化させてきた。統合を拡大する際の手段として活用されたのが，近隣諸国との FTA や関税同盟の形成である。たとえば，1990年代初頭の欧州自由貿易連合（EFTA）との FTA 締結（スイスを除く，その後 EFTA のスウェーデン，フィンランド等が EU に加盟），中東欧諸国との FTA の要素を含む連合協定の締結（Association Agreement，その後ポーランド，ハンガリーなど10か国が EU 加盟），バルカン諸国との安定化・連合協定の締結（Stabilization and Association Agreement），トルコとの関税同盟の形成（トルコは EU 加盟申請済）が挙げられる。この結果，EU が締結する FTA の内容や名称は多岐に渡る。

EU はまた，旧植民地国との政治・経済的協力関係を維持，発展させる手段としても FTA を用いてきた。この場合 EU 加盟は志向されず，開発途上国支援が意図されたり，FTA 締結相手国における民主主義の普及や人権問題の改善など EU が尊重する価値の普及が目指されたりすることが多い。代表的な例として挙げられるのが EU が旧宗主国であった ACP 諸国との FTA である。

こうした EU の FTA 政策は，2006年に公表された EU の通商政策「グローバル・ヨーロッパ」（以下，2006年政策）で転機を迎える。これまでは上記のように政治的な手段としての色彩の濃かった FTA であるが，この政策では他国市場へのアクセス手段として FTA を積極的に用いることが明確にされ，EU

の経済的・通商上の利益を追求する手段としての意味合いが強いFTAの締結が目指されることとなった。EU―韓国FTAがこのタイプの最初のFTAである。2010年に公表されたEU通商政策「EUの2020年戦略の中核要素としての通商政策（Trade Policy as a Core Component of the EU's 2020 Strategy）」（以下，2010年政策）でもFTAのこうした用い方は継承された。

その後，グローバル・バリュー・チェーンの発展やデジタル貿易の進展など世界の貿易・投資環境の変化，EU域内で貿易協定の負の影響を懸念する声が高まったことなどを受けて，2015年にEUの貿易・投資戦略として「万人のための貿易（Trade for All）」（以下，2015年政策）が公表された。この政策では上記のようなFTAの用い方を継続しつつも，欧州的価値と基準に基づいた貿易・投資政策の推進と透明性の向上が目指されている。こうした価値と基準に関連して強調されているのは，人権，労働者の権利，環境・健康・消費者の保護の促進，開発支援，腐敗の根絶である。

以上のように，EUのFTA政策は，統合を拡大する手段，旧植民地国との政治・経済的協力関係を維持・発展させる手段，経済的・通商上の利益を追求する手段という3つのパターンが併存している状況にある。加えて，近年では，欧州的価値や欧州の推進する投資政策，規制協力などのFTAへの反映が推進されている。

(2) 2006年「グローバル・ヨーロッパ」以降のFTA政策

2006年政策，2010年政策，2015年政策においてEUはWTOを最優先事項と位置づけ，一貫してFTA政策は補完的であると位置づけているが，そのFTA政策は進化を遂げている。そもそもなぜ，EUが2006年に新たなFTA政策を推進したのかについては諸説ある。第1にWTOドーハ開発アジェンダ（ドーハ・ラウンド）が2006年7月に一度凍結されたように停滞し，交渉進展の見込みが低かったことである。第2に，その間，米国をはじめ諸国が一層のFTA締結を進めたという状況変化である。第3に，BRICSなど新興国の躍進による経済環境の変化と進展するグローバル化への対応が必要となったという事情，第4に，EUは2007年に27か国となり拡大が一段落したが，2006年前後

にはすでにこうした内部変化が落ちつき，外部環境に眼を向ける余裕があった
という点である。

　実際のところは，これらが多かれ少なかれ FTA 政策を検討する要因となっ
たと考えられるが，その結果公表された2006年政策は，FTA 政策に関する部
分について次のような特徴をもつ。関税に加え，非関税障壁，知的財産権，
サービス，投資，政府調達，競争などを重要視し，WTO の対象外の分野に
FTA を通じて対処するとしている点，雇用創造や成長促進の観点から，FTA
締結相手国を選択する際に，市場の潜在性，EU の輸出利益に対する保護のレ
ベルなどの経済的要因を主に検討するとしている点，加えて相手国の準備状況
や広く政治的考慮などその他の要因も考慮しケース・バイ・ケースで判断され
るべきとしつつ，優先締結国を提示している点である。

　以上を前提に，2006年政策では ASEAN，韓国，メルコスール，インド，ロ
シア，湾岸協力理事会（GCC）が交渉対象国として提示された。2007年からこ
れらの国々との交渉が開始，また加速され，一部の国々とは FTA の締結に
至った。2010年政策では，「戦略的パートナー」として米国，中国，ロシア，
日本，インド，ブラジルとの関係深化，また，近隣諸国とは，EU 市場への統
合も目指し，包括的 FTA（DCFTAs）を追求することが示された。

　こうして FTA 交渉・締結が進められるなか，EU では，米国との TTIP 交
渉での規制に関する議論などを通じて欧州的価値や規制する権利が阻害される
のではないかといった懸念が社会的に高まった。また，後発開発途上国に対す
る FTA の負の影響，製品の生産地における人権保護などに関心が集まった。
そこで2015年政策では，貿易・投資政策の透明性強化（欧州委員会，欧州議会，
加盟国，市民社会の間で貿易交渉に関する対話と協調の強化，貿易交渉の一層の公開な
ど），欧州的価値を反映した貿易政策の推進，FTA では規制する権利を阻害し
ない形で投資や規制協力を推進することなどが謳われた。そして FTA の取組
みを行っていくさまざまな国・地域（米国・カナダ，アジア太平洋地域，アフリカ
地域，ラ米・カリブ海諸国，トルコ，近隣諸国）が提示された。

　以上を踏まえて EU は，近年，米国と貿易協定に向けて取組み中であるほ
か，日本との EPA が発効済（2019年2月），ブラジルを含むメルコスールとは

FTA の大枠合意済（2019年6月）である。その他，カナダとの FTA（CETA）が暫定適用済，ベトナムとの FTA が署名済（2019年6月），インド，タイなどのアジア諸国とも FTA 交渉中である。なかでも米国との取組みは，経済規模も大きく，国際ルール形成の観点からも影響力の強い協定となることが見込まれ，その帰趨が注目される。

(3) EU の FTA 政策の特徴

前節までに指摘した通り，EU の FTA 政策は，主に３つのパターンに分類することができる。特に2006年政策以降に締結された FTA は，新世代 FTA，高度・包括的 FTA，新型 FTA などと呼ばれることが多く，他の２つのパターンの FTA に比べて，EU の経済上・通商上の利益が一層考慮される。

とはいえ，(2)で FTA 交渉相手国の選択基準を示した際に触れたように，政治的考慮が加えられる余地も残っており，実際，EU ―韓国 FTA では，本協定のほかに包括的な政治協力を内容とする枠組協定（Framework Agreement）も締結されている（2010年署名，2014年発効）。また，2006年政策以前に締結された FTA にも通商上の利益が検討されたとみられる FTA は存在する。具体的には，NAFTA 締結が EU に及ぼす不利益が懸念されて締結されたといわれる EU ―メキシコ FTA，FTAA 交渉を念頭に同様の趣旨が考慮されて締結されたとされる EU ―チリ FTA である。

また，2006年政策以降の FTA では，内容面で，関税に加えて非関税障壁，規制の調和（最近では規制協力の場合がある），政府調達，競争分野などに関するルールの強化が含まれることが特徴的である。加えて，従来，EU の FTA では，労働基準，環境保護，人権の尊重などの非貿易的価値の促進が目指されることも多かったが，2015年政策以降はそれが強化されている。

なお，EU の FTA 政策を含む通商政策の動向は，欧州委員会の貿易総局のホームページ等で公開されている文書により概ね把握することが可能である。

4 日本の FTA 政策

(1) 日本の FTA 政策の背景

　FTA は1990年代に入り増加し始め，1990年代前半には NAFTA，メルコスールなど世界貿易に占める割合の高い重要な FTA などが形成されたが，そのなかでも，日本，韓国，中国，台湾，香港は1990年代末まで FTA を締結していなかった。当初これらの地域で FTA に対する関心が低かった理由としては，民間企業の進出により東アジアの生産ネットワークが形成され事実上の統合が進んでいたこと，アジア諸国，米国を含む21か国・地域で貿易・投資の自由化を目指す APEC という緩やかな経済協力の枠組みが存在していたこと，東アジアで経済大国であった日本が FTA に批判的だったことなどが指摘されている。しかし，現在では日本も含めた東アジアの国々も積極的に FTA を締結している。

　日本は，1990年代後半まで GATT・WTO の下での多国間主義の維持・強化を対外経済政策（通商政策）の中心に据えてきた。政策の動向は，政府が刊行する白書に見出しうるが，1998年の通商白書では地域経済統合に関する記述は消極的であったのに対して，1999年には「より積極的に地域連携・統合に取り組み，多角的通商システム強化に積極的に寄与するモデルを示していくことが必要」として，多国間主義と FTA とを並列的に推進し，また，その他の地域レベルの取組みも進める「重層的／多層的な通商政策」に転換している。転換した理由は，世界的な FTA 推進の動きと同時に，1998年にメキシコから FTA 交渉の打診があったこと，メキシコ等に海外進出している日本企業が他国の FTA により競争上不利になる事例が生じ始めていたことなどがあげられる。こうして1999年にメキシコとの FTA 締結のための研究とシンガポールからの提案に基づいた FTA 交渉が開始され，2002年に日本として初めての FTA がシンガポールと締結された。日本にとっては農業分野の市場開放が課題であったが，シンガポールは農業国ではなかったので，比較的交渉が行いやすい国であったといえる。

なお，日本の締結するFTAは，経済連携協定（EPA）と呼ばれる。FTAが二国間，複数国間，地域の間で，関税や数量制限など物品・サービスの貿易障壁を削減・撤廃することが主であるのに対して，EPAとは，FTAの要素に加えて域内の人・物品・資本の移動を自由化・円滑化するために，国内規制の撤廃や経済制度の調和なども含めた包括的で幅広い経済関係の強化を目的とする協定であると説明される。

(2)　日本のFTA政策の経緯

　日本は諸外国からの提案によってFTA締結交渉を開始したこともあり，当初からどのようなFTAをどの国と締結するかといった政策があったわけではないと考えられる。具体的な方向性がある程度示されるのは，政府の方針として公表された2004年の「今後の経済連携協定の推進についての基本方針」である。この方針では，EPAの意義として，第1に多角的な自由貿易体制を補完するものとして日本の対外経済関係の発展および経済的利益の確保に寄与すること，第2に構造改革の推進にも資すること，第3に東アジア共同体の構築を促すなど，政治・外交戦略上，有益な国際環境を形成することに資するものであることがあげられ，加えて交渉相手国の決定基準が示されている。具体的には，1）日本にとって有益な国際環境の形成との関係（東アジアにおけるコミュニティ形成および安定と繁栄に向けた取組みに資するかなど），2）日本全体としての経済利益の確保（貿易・投資の自由化により，これらの実質的拡大・円滑化が図られるか，各経済制度の調和などにより日本企業のビジネス環境が改善されるかなど），3）相手国・地域の状況，EPA／FTAの実現可能性，があげられている。

　続いて2006年にはEPAの工程表（2007年改訂）が作成され，2年間で締結済のEPAを含め12か国以上との締結を期待すること，アジア地域16か国（ASEANプラス日本・中国・韓国・インド・オーストラリア・ニュージーランド）の広域経済連携の研究を行うこと，米国とEUとのEPA締結も視野に入れることなどが目指されることとなった。同年に策定された「グローバル戦略」（経済財政諮問会議決定）では経済安全保障上重要な資源産出国，人口大国との交渉積極化や，貿易量が大きく日本企業の生産ネットワークが構築されている東ア

ジアとのEPA締結加速化も謳われている。実際，日本—インドネシアEPA（2007年署名，2008年発効）では，エネルギー・鉱物資源の章が盛り込まれており，資源への関心が見て取れる。

　その後，2008年には，2009年初めまでにEPA締結国・地域を12以上とする目標に向けて取り組み，それらとの貿易額の割合を2010年までに全体の25％以上とすることを目指すとされた（2008年閣議決定「経済財政改革の基本方針2008」）。

　これらに基づきEPAの締結が進められていたが，2010年にはそれまでに締結した日本のEPAの自由化水準の低さ（当時，先進国間のFTAでは品目数ベースで自由化水準が95％以上であったが，日本は貿易額ベース90％以上，品目数ベース86～87％），産業の競合国である韓国がEUや米国などとFTAを進めつつあり，日本の競争上の劣位が懸念されたことから「包括的経済連携に関する基本方針」が策定された。

　この基本方針に特徴的なのは，世界の主要貿易国と高いレベルの経済連携を進めるとされた点，そのために農業分野の競争力強化など抜本的な国内改革も進めるとされた点である。具体的なEPAの取り組みとしては，1）アジア太平洋地域で推進中のEPA交渉の妥結・加速（ペルー，オーストラリア，韓国），2）同地域において研究中のEPAの交渉開始（日中韓FTA，モンゴルなど）と協議開始（TPP），3）その他主要国・地域とのEPA推進（EU，GCC）に加えて，これ以外にも，新興国や資源国などとも経済的観点，外交戦略上の観点から総合的に判断してEPA締結を含めた関係の強化を積極的に推進することとされた。

　2013年には，FTA比率（貿易額に占めるFTA相手国の割合）を当時の19％から2018年までに70％に高めることが決定され（「日本再興戦略」2013年閣議決定），以降，その目標に向かって交渉が進められた。近年，日本は，EPA交渉の戦略的かつスピード感をもった推進，自由貿易の騎手として新しい広域的経済秩序を構築する上で中核的役割を果たし，包括的で，バランスのとれた高いレベルの世界ルールづくりの牽引者となることを目指す（未来投資戦略2017，2018など）ことを掲げている。

　以上の政策に基づき，日本はアジア諸国，EU，スイス，オーストラリア，

TPP 協定など21か国・地域と18の EPA が発効済・署名済である。また，トルコとの EPA，RCEP なども交渉中である。政府の公表資料によれば，発効済・署名済 EPA の FTA 比率は51.6％，交渉中の相手国も合わせると86.2％である（2019年7月末時点）。これに加えて，日米貿易協定が発効済である（追記参照）。

(3) 日本の FTA 政策の特徴

　既述の通り日本は，世界的に FTA が急増傾向を示す2000年前後頃まで FTA に消極的であったが，少しずつ積極姿勢に転換し，「『経済連携の網』を張り巡らせる」（2019年通商白書）までになっている。こうした日本の FTA 政策の展開は，当初より明確な FTA 政策に基づいたものというよりは，不定期に機をみて打ち出される政策に基づいた結果であり，また，締結相手国の選定は相手国からの働きかけや日本の経済界の要望などを踏まえて決定されてきたといえる。その経緯には，柔軟な面が認められる一方で，いかなるタイミングで政策が打ち出され，以前の政策がどの程度達成されたのか，また，どの主体がどのような選択基準により FTA 締結国を選定するのかなどについて，すでに提示した米国や EU と比べ外部からは把握しがたい面もある。

　その理由にはさまざまなものがあると考えられ，たとえば，米国や EU と日本との政治風土の違いがあげられよう。さらには，米国における USTR，EU における貿易総局のように，日本において一元的に通商政策を管轄する組織が存在しないということもあろう。日本では，問題となっている通商分野毎に，外務省，経済産業省を中心として，財務省や農林水産省などその他の関連する省庁がかかわることとなる。FTA 締結相手国の選定においても，外務省や経済産業省の関係局・課が中心的な役割を果たすといわれる。無論，一元的組織の存在が全ての解決策になるとは限らないが，プロセスの一層の開示など情報公開がさらに進めば産業界にとっての予測可能性が高まると共に，広く社会にとっての貿易問題の重要性も認識され，通商政策のさらなる充実化につながると考えられる。

【追 記】

本書は，原則として2019年7月末時点のデータに基づくが，日米貿易協定が2020年1月に発効に至ったことから，その動向について追記する。

日米間で署名された協定は，日米貿易協定と日米デジタル貿易協定である。また，署名に先立ち公表された日米共同声明にも今後の交渉について言及がある。これらの概要は，以下の通りである。

まず日米貿易協定は，全11条と末文，それと不可分の両国の譲許表で構成される。加えて，6つの交換公文がある。譲許表には関税削減および撤廃の対象となる産品の関税率，セーフガード，関税割当，原産地規則などが記載される。全11条は，定義，他の国際協定との関係，改正・発効・終了，市場アクセスの改善義務，一般的例外（GATT20条を準用），安全保障例外（GATT21条よりやや広い規定ぶり）などを定める。同協定には第三者による審査を含む包括的な紛争処理規定がなく，同6条が両国間の協議を規定するのみである。それによると，両国は，いずれかの国の要請後30日以内に協定の運用または解釈に影響を及ぼす可能性のある事項について，60日以内に相互に満足すべき解決に達するために協議を行う。

なお，自動車・自動車部品の関税については，米国の譲許表で，関税撤廃に関する更なる交渉の対象である（邦訳筆者）と記載されている（General Notes of the US, para.7.）。日米共同声明によれば，本協定の発効後4か月以内に両国は「関税や他の貿易上の制約，サービス貿易や投資に係る障壁，その他の課題」についての交渉を開始する意図があるものとされる。政府の公表資料によれば，自動車・自動車部品の関税などもこの交渉対象となることが予定されている。

この協定は，それぞれの関係する国内法上の手続を完了した旨を書面により相互に通告した日の後30日で，または両締約国が決定する他の日に効力を生じると定められている（日米貿易協定9条）。そこで，関連手続を経て2020年1月に発効した（後述のデジタル貿易協定についても同様）。

本協定のGATT24条（⇒第3章4(2)参照）との整合性については，少なくとも現時点では完全に整合的とはいえまい。同条の整合性に関する具体的な基準についてWTO加盟国間に明示的な合意はないものの，ある分野を全て対象外とすることは「実質上全ての貿易」を対象とするという条件を質的に満たさないというのが大方の理解である。日米貿易協定は，コメ，林産品，水産品を関税削減・撤廃の対象としない。また今後，関税撤廃に関して交渉を行うとされてはいるものの，上述の通り自動車・自動車部品も署名・発効時点で含まれないことになる。

今回の協定は，2020年の米国大統領選に向けて，2018年までにUSMCAや米韓FTAの再交渉に成功したトランプ政権が2019年にも何らかの成果を上げたいとする希望と，米国1962年通商拡大法232条に基づく米国向けの自動車・自動車部品の関税引上げを阻止したいとする日本側の思惑が一致した政治的合意の色彩が強いものといえる。その点で，WTOが域内貿易の促進と貿易の自由増大を志向して例外とするFTAの締結とは趣旨が異なるといえ，米国のTPP協定への復帰を促しつつ，自由貿易へ回帰することが課題であろう。

デジタル貿易協定の内容は，TPP協定の電子商取引章に類似し，さらに新しい要素（TPPプラス）を含む。主なTPPプラスとしては，データ・ローカリゼーション要求に対する規律

の強化，ソース・コードに加えてアルゴリズム（問題解決のための一連の既定手続で，プログラムの基礎となるもの）の開示要求の禁止，暗号法を使用する情報通信技術産品の輸入などの条件として暗号開示などを要求してはならないとして，TPP協定TBT章部分を強化した点があげられる。

〔考えてみよう〕
・米国はTPPから離脱したことにより，どのような影響を受けただろうか。TPP協定に米国は参加するだろうか。
・日米貿易協定の発効により日本はどのような影響を受けるだろうか。
・日本が最初の経済連携協定（EPA）を締結した2002年以降，EPAは日本の経済にどのような影響を及ぼしてきただろうか。

第 12 章

開　発

〈学習のポイント〉
・グローバル経済において開発はどのように位置づけられるのか。
・貿易の自由化と開発はどのような関係にあるのだろうか。
・日本に暮らす我々は開発にどう向き合うべきだろうか。

1　グローバル経済体制における「開発」

　現在のグローバル経済体制は多くの問題を抱えているが，そのなかに「開発」を含めることに異議をはさむ者はいないだろう。世界銀行は貧困と不平等を測定するためのデータベース（PovcalNet）を公開し，世界全体および地域ごとの貧困状況を明らかにしている。それによれば，2015年の時点で，全世界の約10％の人々が 1 日1.90ドル未満という国際貧困ラインを下回る生活を強いられている。1981年には世界の50％以上の人々が絶対貧困にあったことを考えれば，状況は大きく改善したといえるかもしれない。実際，過去30年間，世界のほぼすべての地域で貧困人口は減少しており，特に東アジア地域の改善は目覚ましい。しかし，サブサハラ・アフリカ地域では貧困人口が一貫して増加し続け，現在でも人口の約40％が極度の貧困の下にある。また，国連食糧農業機関（FAO）などの報告書『世界食糧安全・栄養白書2018』によれば，現在（2017年），世界で 8 億人以上が慢性的な栄養失調にあるという。

　世界の一部の国や人々が貧困に苦しんでいるという状態は，貿易の自由化を推進してきたグローバル経済体制に対して根本的な疑問を呈するだろう。というのも，貿易の自由化は，各国が得意な産品を自由に交換することで，世界全体の富や福祉を向上させることを前提としてきた。しかし，開発問題は，貿易

の自由化によって仮に富や福祉が増大したとしても，すべての国・人々がそれらを「平等に」享受できない現状を示しているからである。このように開発問題は，貿易の自由化を軸とする現在のグローバル経済体制の正しさやその根拠を，常に揺さぶり続けるのである。

　本章では，グローバル経済体制と開発の関係について検討を加えるが，その検討方法は論者によってさまざまであり，開発に関係する現在の制度やルールのみを取り上げることも可能であろう。しかし，開発問題がグローバル経済体制の進展とともに生じてきたことを考えれば，この問題は，第二次世界大戦後から現在までの歴史的展開のなかで理解されなければならない。

　そこで以下ではまず，開発が国際問題として現れてきた背景を概観することから始める。続いて，WTO と FTA などからなる現在のグローバル経済体制と開発の関係を明らかにする。最後に，今後のグローバル経済体制における開発の方向性や意義について検討を加えることにしたい。なお，論者によっては「開発」「発展」を意識的に区別する場合があるが，本章では両者を同じ意味で用いている。

2　国際経済秩序に対する挑戦

(1)　脱植民地化と南北問題の「誕生」

　国家間の発展格差，すなわち南北問題が国際問題として意識されるようになるのは，実はそれほど古いことではない。開発が国際社会における重要な価値として明確に認められるのは，第二次世界大戦後の国際連合（国連）体制においてである。国連は「一層高い生活水準，完全雇用並びに経済的及び社会的の進歩及び発展（development）の条件」（国連憲章55条 a）を促進することを自らの目的の1つとして位置づけた。「開発の時代」の到来である。

　このように，国連では設立当初から開発が基本的な価値として認められたが，南北問題が深刻な問題として国際社会に現れるのは，**脱植民地化**の過程においてである。「アフリカの年」と呼ばれる1960年にはアフリカの17の旧植民地が独立し，同年12月，国連総会は「植民地独立付与宣言」を採択し，その前

文において「あらゆる形態の植民地主義を速やかにかつ無条件に終わらせる必要がある」ことを宣言した。

それまで植民地支配に服してきた人々は、**自決権**、すなわち自らの政治的地位を自由に決定する権利に基づいて独立を果たした。しかし、この独立プロセスはそれまでとは大きく異なっていたことに注意する必要がある。従来、ある領域が国家として独立を達成するためには、国家として中身が備わっているか、既存の国による審査を受け承認を得なければならなかった。しかし、脱植民地化の過程では、悪しき植民地主義を一刻も早く終わらせるため、このような国家としての内実のチェックは省略または簡略化された。

その結果、準備が不十分なままに独立した多くの新国家が国際社会に成立することになった。それら諸国は政治的独立を達成したものの、インフラその他のあらゆる物資に不足し、経済的には依然として西洋諸国の支配に服し続けることになる。ここにおいて、南北問題、すなわち国家間の発展格差とそこから派生する諸問題が「誕生」する。

(2)　GATT に対する批判

政治的独立を達成した旧植民地の人々はその後、西洋諸国からの経済的自立を求めるに至る。このような自立の声が高まるのが1960年代である。1964年、スイス・ジュネーブにおいて、第1回**国連貿易開発会議（UNCTAD）**が開催された。「援助よりも貿易を」をスローガンとする同会議は、南北問題に関する初めての大規模な国際会議であり、そこでは新独立国の経済的自立の必要性と現在の問題点が論じられた。

なぜ自分たちは経済発展できず、貧しいままなのか。独立した諸国はその理由を、自らを取りかこむ経済構造・秩序に求めた。すなわち、新独立国（＝途上国）は、西洋諸国（＝先進国）が作り出した不公平な構造のなかにいる限り発展できないと考え、国際経済秩序の改革を目指したのである。当然のことながら、途上国のこのような批判は、国際経済秩序を支えるルールにも及ぶことになる。その際、特に批判の対象となったのが、GATT の基本原則である**相互主義**と**最恵国待遇原則**（⇒第3章4参照）である。

第1に，相互主義とはいわゆる「ギブ・アンド・テイク」を意味する。ラウンドの参加国は，自らが輸入産品に対する関税を引き下げることを条件に，相手側に自国産品に課せられている関税の引き下げを迫る（⇒第2章2参照）。このように，相互主義はGATTでの交渉の基礎をなしているが，途上国は同主義が自らの発展を妨げていると考えた。すなわち，相互主義は，すべての交渉参加者が交換可能なものを有していることを前提とする。しかし，現実には，途上国は貧しいがゆえに先進国に提供できるものをもたず，その結果，ラウンドに実質的に参加することはできない。途上国はこのように考えて，UNCTADなどを通じて相互主義に代わる別の交渉原則の必要性を訴えた。その結果，1965年に追加されたGATT第4部に「先進締約国は，貿易交渉において行なった関税その他低開発締約国の貿易に対する障害の軽減又は廃止に関する約束について相互主義を期待しない」（GATT36条8項）とする**非相互主義**が規定された。すなわち，先進国間では相互主義が依然として当てはまるのに対して，先進国―途上国間では非相互主義という別のルールが適用されることになった。GATTへの非相互主義の導入は，その法的性格や実効性については議論があるものの，途上国による批判の1つの成果である。

　第2に，最恵国待遇原則はすでに検討したように，同種の産品について輸出国間で差別してはならないという基本原則である。最恵国待遇原則はいまも昔もグローバル経済体制の基本をなしているが，途上国からすれば同原則も相互主義と同様，低開発をもたらす要因である。すなわち，独立したばかりの途上国は先進国と同条件で競争することは難しく，一層低い関税（特恵関税）など，先進国よりも有利な条件での輸出を求める。しかし，先進国が途上国のみに特恵を与えた場合，同種の産品を輸出する他の先進国を差別することになり，最恵国待遇原則に違反してしまうのである。最恵国待遇原則のこのような弊害に対して，途上国は，同原則にもかかわらず，途上国に対してのみ特恵関税を与えることができる**一般特恵制度（GSP）**の必要性を訴えることになる（図表12-1参照）。GSPはまず，1971年に義務免除（ウェーバー）（⇒第4章4参照）として10年の期限付きで認められた後，1979年に「**授権条項**」と呼ばれる締約国団の決定によって恒久的な制度となった。

以上の2つの基本原則に対する途上国の批判は，GATT に代表される国際経済秩序の「すべての国家は同じ程度に発展している」という誤った前提に向けられている。すなわち，現実の違いを無視してあらゆる国家を等しくみなし，先進国と途上国に同じルールを定める**形式的平等**は，国家間の発展格差を維持・拡大することになる。GATT 事務局長であったオリヴィエ・ロングが指摘するように，「平等な取り扱いは先進国と途上国の間の不平等を作り出す」のである。そこで途上国は，現実に存在する国家間の発展格差に配慮することが重要であると主張し，具体的には，途上国に対して先進国よりも有利なルール（非相互主義，GSP など）を定めることで発展の不平等を是正する**実質的平等**の必要性を説くのである。このような実質的平等の主張はその後，日本を含む一部の国際法学者によって受け入れられ，「開発の国際法」として展開されていくことになる。

図表12-1　GSP の構造

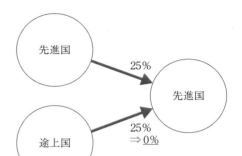

(注) 数字は輸出品にかけられる関税

(3)　NIEO 樹立運動

　1960年代に始まった国際経済秩序に対する途上国の批判は，1970年代になると一層激しさを増す。脱植民地化が国際社会にもたらした重要な帰結の1つは，途上国が数において先進国を大きく上回ったことである。途上国は数の優位を生かすべく，一国一票制を採用する国連総会を舞台に，新たな国際経済秩序の必要性を積極的に唱えていく。途上国が展開したこのような主張や運動を**新国際経済秩序（NIEO）**樹立運動というが，同運動が頂点を迎えるのが，国連総会が「NIEO 樹立宣言」「行動計画」「国家の経済的権利義務憲章」という3つの決議を採択した1974年である。途上国はそれら決議を通じて，**天然資源に対する恒久主権**や国際協力・援助の必要性を強調した。さらに，1970年代の石油ショックは豊富な天然資源を有する途上国の発言力を増大させ，NIEO 樹立

運動は一気に勢いを増すことになった。

　NIEO 樹立運動を通じて，途上国は従来の国際経済体制とは異なるルールを設定しようと試みて先進国との対立を深めたが，特に争点となったのが投資に関するルールである。1960年代以降，途上国において先進国企業が投資した財産を**国有化**する動きが高まった。国際法上，国有化を行うためには公益原則（国有化が公益を目的とすること），無差別原則（国有化が恣意的・差別的に行われてはならないこと）に加えて，補償原則，すなわち国有化に際して補償を支払わなければならない。

　先進国と途上国の間で問題となったのは補償の中身である。すなわち，国有化が国際法上合法であるためには，補償は「**迅速，十分かつ実効的**」な補償でなければならないとされてきた。ここで「迅速」とは現金での即時支払，「十分」とは国有化時点での企業価値に支払日までの利子を加えたもの，「実効的」とは米ドルなどの国際的に通用する通貨での支払いを意味している。この 3 要件は先進諸国に広く受け入れられ，その当時の一般的なルールとみなされてきたが，それに対して，途上国は「**適当**」な補償という新たな基準に置き換えようと試みたのである。さらに，NIEO 樹立運動が勢いを増すにつれて途上国の主張も激しさを増し，いかなる補償が適当かは投資受入国である途上国の法律に基づいて決定するとされた。この主張に従えば，途上国の法律が改正されれば適当な補償の基準も変化することになる。

　もちろん，投資を行う先進国や先進国企業が途上国の主張を認めるわけもなく，先進国と途上国が激しく衝突することになったが，このような投資に関するルールをめぐる対立は，1970年代当時の NIEO の勢いを象徴しているといえよう。

⑷　NIEO の頓挫と新自由主義の隆盛

　しかしながら，1980年代に入ると状況は大きく変化し，一転して NIEO の失敗・頓挫が唱えられるようになる。1980年代にはラテンアメリカその他の途上国が債務危機に瀕し，途上国の影響力は急速に低下する。さらに，途上国のなかでも貿易の自由化を積極的に進める国とそれ以外の国との分裂が進み，途

上国全体としての結束力が弱まった。また，1980年代には，市場にできる限り介入しないことが望ましいとする**新自由主義**が，米国（レーガン政権），イギリス（サッチャー政権），日本（中曽根政権）などで広まり，その後世界へと拡散していく。新自由主義が推進する民営化，規制緩和，福祉分野からの国家の撤退，さらに貿易の自由化という一連の政策は，世界銀行や IMF が途上国に対して資金を融資する際の**コンディショナリティ**（貸付条件）に組み込まれることで，途上国のなかに浸透していった。なお，このような政策パッケージは，ワシントンに所在する米国政府，世界銀行，IMF によって作成・拡散が図られたため，**ワシントン・コンセンサス**と呼ばれることもある。市場に介入することで国家間の発展格差を是正しようとする NIEO の試みは，ワシントン・コンセンサスに具体化された新自由主義の広がりによって頓挫するに至ったのである。

　このような NIEO の頓挫は，「なぜ途上国は発展できず貧しいままなのか」という問いへの答えに大きな変化をもたらした。1960年代の脱植民地化から1970年代の NIEO において，その答えは途上国を外側から囲い込む不公平な国際経済秩序に求められ，よって同秩序の変革がまず試みられたのであった。しかし，1980年代の NIEO の頓挫や貿易の自由化を通じたいくつかの途上国の経済発展により，低開発の原因は国際経済秩序ではなく，むしろ途上国内に見いだされるようになった。すなわち，途上国が発展しないのは，国際経済秩序が主な原因ではなく，民主主義の欠如や腐敗といった途上国の国内制度が原因とみなされるようになったのである。政府開発援助（ODA）を供与しても途上国の経済発展になかなかつながらないという先進国の援助疲れもあり，開発問題はその後，途上国の国内制度（ガバナンス）の問題へと焦点が移行していくことになる。

(5)　途上国の「体制内化」

　1986年に開始したウルグアイ・ラウンドは，これまで検討してきた流れのなかに位置づけることができる。当時，香港，シンガポール，韓国，台湾などの新興工業経済地域（NIEs）と呼ばれるアジア諸国が，貿易の自由化など新自由

主義の政策を実行することで経済発展を遂げていた。また，途上国といっても
その発展段階や思惑はさまざまであり，ラウンドでは途上国グループとしての
団結は影をひそめた。その結果，途上国は，NIEO 時代のようにグローバル経
済体制の全面的な変革を主張するのではなく，その部分的な修正を試みるよう
になる。先進国が主導してきたグローバル経済体制に途上国が「体制内化」さ
れたと評されるゆえんである。

　このような途上国の体制内化は投資に関しても明らかである。国有化をめぐ
る途上国の急進的な主張を前にして，先進国は途上国と二国間投資協定（BIT）
を締結し，同協定で先進国が従来唱えてきた基準（迅速・十分・実効的）を規定
することで投資の保護を図った。また，1980年代，NIEs 諸国は積極的に先進
国の投資を呼び込むことにより目覚ましい経済成長を遂げており，その他の途
上国も自国内への投資を自由化する開発戦略を導入し始めた。その結果，先進
国—途上国間の BIT は1990年代以降，劇的に増加することになり，ここにお
いて NIEO で展開された投資に関する既存のルールの改革も頓挫することに
なったのである。

3　WTO・FTA と開発

(1)　WTO における開発

　ウルグアイ・ラウンドの結果，1995年に WTO が成立したが，WTO におい
て開発はどのように位置づけられているのだろうか。この点，まず注目すべき
は WTO 設立協定の前文である。同前文は，「貿易及び経済の分野における締
約国間の関係が……向けられるべきであることを認め」という1947年の
GATT 前文を直接引用した後，**持続可能な開発**という目的を新たに規定してい
る。持続可能な開発は，1987年，「環境と開発に関する世界委員会」の報告書
『我々の共通の未来』において「将来の世代のニーズを損なうことなく，現在
の世代のニーズも満たす開発」として定義・提唱され，その後，多くの国際文
書において導入されている。持続可能な開発は経済発展と環境保護の両立の必
要性を唱えるものであるが，同概念が WTO 設立協定前文に導入されたこと

は，WTO が貿易の自由化のみならず，環境保護をも自らの目的として含んでいることを示しているといえよう。

　続いて，WTO 設立協定前文は，途上国，特に後発開発途上国の経済開発のニーズに応じた貿易量を確保する必要性を強調しているが，これも当初のGATT 前文に付け加えられた点である。WTO では**一括受諾方式**が採用されたため（⇒第2章2(2)参照），WTO に加盟する以上，途上国は知的財産権の保護を義務づける TRIPS など，自らに不利な協定にもまとめて拘束されることになった。ただし，貿易の自由化を軸とするグローバル経済体制に途上国がすぐに順応できるわけではない。そこで，WTO は途上国に対して先進国よりも有利な待遇を設けることで，途上国のグローバル経済体制へのスムーズな適応を図ろうとした。それが「**特別かつ異なる待遇（S&D)**」と呼ばれる規定である。

　S&D 規定は次の6つに大きく区別することができる。すなわち，①途上国の貿易機会の増大を目指す規定，②先進国に対して途上国の利益を保護するよう求める規定，③約束，措置，政策手段の使用の柔軟性を確保する規定，④移行期間を定める規定，⑤技術支援，⑥後発開発途上国に関する規定である。

　S&D 規定はほとんどすべての WTO 諸協定に含まれているが，いずれも貿易の自由化を基本とする WTO 体制の全面的な改革を目指すものではない。S&D 規定はむしろ，貿易の自由化という原則に対して途上国に認められた一時的な例外とみなすことができる。すなわち，途上国は移行期間が過ぎれば共通の WTO 体制に組み込まれ，一定の配慮はありつつも，いずれ先進国と同じ土俵で競争することが予定されている。

(2)　ドーハ開発アジェンダ

　S&D 規定が一時的な例外という性質をもつ以上，その実効性はきわめて乏しいものであったが，他方で，WTO では途上国に対する規律が一層強化された。たとえば，途上国は一般的に，先進国の製品を模倣・改良することで経済発展を遂げるため，途上国内での知的財産権の保護は緩く海賊版が横行する。しかし，TRIPS 協定が成立した結果，途上国にも知的財産権の保護を強化することが義務づけられ，模倣・改良に基づく経済発展は困難となった。そのほ

かにも，TRIMs協定や補助金協定などの成立により，途上国が従来取ること
ができた開発政策の選択肢は大きく狭められた（⇒第9章1参照）。

このような状況を背景として，WTO設立後，先進国と途上国の対立が再燃
することになる。1999年にシアトルで開催された第3回WTO閣僚会議では，
ウルグアイ・ラウンドに続く新たなラウンドの立ち上げが目指されたが，市民
団体による大規模なデモ活動に加えて，先進国と途上国の対立によって実現で
きなかった。途上国は，ウルグアイ・ラウンドで期待した利益が得られなかっ
たことに加えて，先進国主導の運営体制に不満や不信感を覚えたのである（⇒
第2章2参照）。

他方で，2000年代に入ると開発問題は大きな節目の時期を迎える。2000年9
月，ニューヨークで開催された国連ミレニアム・サミットにおいて国連ミレニ
アム宣言が採択され，開発と貧困撲滅が国際社会の喫緊の課題であることが再
確認された。2001年には同宣言に基づき，**ミレニアム開発目標（MDGs）**がまと
められ，2015年までに達成すべき8つの目標，18のターゲット，48の指標が示
された。MDGsは貧困の撲滅を国際社会が取り組むべき最優先課題として据
え，具体的な目標として2015年までに1日1ドル未満で生活する人々を半減す
ることなどを定めた。なお，2015年9月の国連サミットでは，MDGsを引き
継ぐものとして**持続可能な開発目標（SDGs）**が採択され，世界全体で持続可
能な社会を実現すべく，2030年までの目標とターゲットが設定された。

シアトル閣僚会議で明らかとなった途上国の不満，およびMDGsが示す新
たな「開発の時代」の幕開けを背景として，2001年にカタール・ドーハでの第
4回WTO閣僚会議においてドーハ閣僚宣言が採択され，新ラウンドの立ち
上げが宣言された。ドーハ・ラウンドの正式名称が「ドーハ開発アジェンダ」
であることからも分かるように，開発が中心的な課題として据えられ，交渉が
進められることが決定された。ドーハ閣僚宣言では，WTO協定を実施する際
に途上国が直面している問題が取り上げられ，技術支援や途上国のキャパシ
ティ・ビルディングの重要性が強調されると同時に，WTO協定中のすべての
S&D規定を再検討することなどが示された。

(3) FTA と開発

　しかし，2001年に開始されたドーハ・ラウンドは10年以上を経過した現在で
もまとまらず，グローバル経済体制の新たなルール形成の舞台は WTO から
FTA へと移りつつある。開発という観点から，このような状況をいかに評価
することができるのだろうか。

　まず，途上国といっても，国によって発展段階が多様であることに注意する
必要がある。発展が著しい途上国と後発開発途上国（LDC）と呼ばれる最も貧
しい諸国を同一に扱うことには無理がある。途上国グループ内部の多様性は
1970年代の石油ショックの頃にすでに明らかであったが，1980年代の NIEs の
登場，さらに近年の BRICS（ブラジル，ロシア，インド，中国，南アフリカ）を初
めとする諸国の活躍により，途上国間の相違は一層顕著になっている。

　途上国のなかでも，成長が著しく先進国に近い途上国は，広域 FTA などに
実質的に参加し，新たなルール形成に関与することが可能であろう。しかし，
LDC を初めとする多くの途上国にとって，WTO から FTA への移行は大きな
デメリットとなりうる。というのも，FTA は二国間または限られた国の間で
締結されるゆえに，各国の有する力が交渉に直接反映されるからである。すな
わち，WTO においては，途上国は一致団結して先進国に交渉することで，先
進国と途上国の間の力の格差を緩和することができるのに対して，FTA の交
渉では途上国は数の優位を生かすことができない。また，先進国からすれば，
そもそも経済規模の小さな途上国と FTA を結ぶメリットがないため，先進国
主導で現在形成されつつある FTA のネットワークから途上国が排除される可
能性もある。

　以上の観点からすれば，開発問題は多くの国が参加する多角的枠組みで議論
されることが望ましく，その意味において，WTO の役割は依然として大きい
といえよう。

COLUMN ⑬：途上国とは何か

　これまで「途上国」という言葉を用いてきたが，そもそも途上国とはどのような国なのであろうか。実は，国際社会には途上国に関する統一の定義は存在しない。唯一，途上国のなかでも最も貧しい「後発開発途上国（LDC）」については，国連が基準を作成したうえで認定している。国連はLDCリストを３年ごとに更新しているが，2019年現在，47か国がLDCとして認められている。

　他方で，LDCよりも発展しているが先進国未満の途上国については，分野や制度に応じて異なる定義が用いられているのが現状である。たとえば，世界銀行ではすべての国家を，2018年段階で１人当たり国内総所得（GNI）が1,025ドル以下の「低所得国」，1,026ドル〜3,995ドルの「低中所得国」，3,996ドル〜12,375ドルの「高中所得国」，12,376ドル以上の「高所得国」の４つに区分している。そのうち，世銀から融資を得られる低所得国，低中所得国および高中所得国の３つを一般に途上国と呼んでいる。また，経済協力開発機構（OECD）の開発援助委員会（DAC）も世銀とほぼ同様の基準を用いており，開発援助の世界では，GNIが12,375ドル以下の国が途上国とみなされている。

　それでは，WTOではどのような基準が用いられているのであろうか。まず，後発開発途上国については国連の認定に従っている（WTO設立協定11条２項）。他方で，それ以外の途上国に関する定義は存在せず，「自己選択方式」が採用されている。これは，自ら途上国と宣言した国を途上国とみなす，という方式である。

　ただし，実際には，ある国が途上国か否かは他の加盟国との関係で決定される。たとえば，一般特恵制度（GSP）の受益国である途上国は自己選択方式によって同定されるといわれてきた。しかし，実際には特恵対象国は特恵を与える先進国が決定するため，GSPにおいては，途上国は特恵の受益国と供与国の関係のなかで同定されることになる。

　このような途上国の同定方法については多くの批判が寄せられてきた。特に指摘されてきたのが，GSPが先進国の政治的手段となる可能性である。すなわち，先進国が特恵受益国を決定できる以上，GSPの恩恵に浴したい途上国は先進国の要請に応じざるを得ない。このように，先進国はGSPの受益国に入れる（または受益国から外す）圧力を用いて，途上国に影響力を行使できるのである。

　しかし，GSPのもとでも，先進国が完全に自分の都合で途上国を決定できるわけではない。この点が問題となったのがEC特恵事件である。同事件では，EU（当時はEC）が一部の途上国のみに対して，他の途上国よりも有利な特恵を与えたことが問題となった。このようなEUの制度について，上級委員会は2004年の

報告書のなかで，同一のニーズを有する途上国を区別することは GSP の根拠である授権条項に違反するとした。もちろん，途上国のニーズが同一か否かをいかに判断すべきかなど，依然として不明な点はあるものの，同事件における上級委員会の判断は，従来懸念されてきた先進国による GSP の政治利用に一定の歯止めをかけるものと評価することができよう。

　近年，この WTO における途上国の同定問題は中国をめぐって再燃している。中国はこれまで自らを途上国として自己申告してきた。しかし，中国の著しい経済発展を前にして，米国のトランプ政権は，中国が途上国として優遇されていることは不公平であると批判を強めている。ある国が途上国グループから先進国グループにいつ移行するかという論点は，伝統的に途上国の「卒業」問題と呼ばれてきた。同問題については，NIEO の頓挫とそれに伴う開発の国際法の停滞によって議論が低調気味であったが，中国の台頭と米中間の覇権争いによって再び注目が集まっている。

4　今後のグローバル経済体制と開発

　最初に述べたように，貿易の自由化を主軸とした現在のグローバル経済体制の評価や今後の行方は，開発問題と密接に結びついている。貿易の自由化によって世界全体の富や福祉が増大したとしても，その配分に大きな偏りがあれば，それは正義にかなった体制ではない。よって，今後のグローバル経済体制の行方は，いかにして「公正（フェア）」な貿易の自由化を実現できるかにかかっているといえよう。

　その際，先進国のなかで生活を営む我々も無関心ではいられない。というのも，我々の日々の生活は，グローバル経済体制のなかで可能となっているからである。グローバル経済体制を通じて，先進国の人々は消費者または生産者として，途上国の人々とつながっている。この意味において，開発問題は他人事ではけっしてなく，先進国と途上国の人々がともに向き合うべき重要な課題であり続けている。

〔考えてみよう〕
・先進国の人々は途上国に援助する義務があるのだろうか。あるとすればなぜだ
　ろうか。
・「公正（フェア）」な貿易の自由化とはなにか。どのようにすれば実現すること
　ができるのだろうか。
・先進国で生活する我々は，どのように開発問題に取り組むべきなのだろうか。

第 13 章

日本企業の海外展開

〈学習のポイント〉
・日本企業はどのような海外展開を行っているか。
・日本企業の海外展開を妨げる障壁にはどのようなものがあるか。
・日本企業の海外展開において WTO 協定や FTA などはどのようにかかわっているか。

1　海外展開のさまざまな形

　第 II 部までで扱った WTO 協定や FTA などは，貿易の障壁を減らし，投資の保護を図ることで，経済のグローバル化を推し進めている。こうした中で，日本企業も，国内のみならず，海外で経済活動を行うことが不可欠となっている。本章は，日本企業の海外展開に WTO 協定や FTA などがどのようにかかわっているかを概観する。

　1 ではまず，日本企業の海外展開の形として，物品の輸出と海外投資について説明する。

(1)　物品の輸出

　物品の輸出は，最も古くから行われている海外展開といってよい。中国との朝貢貿易は古代から行われているし，江戸時代の鎖国中も，オランダに銀や銅，陶磁器などを輸出していた。特に陶磁器はヨーロッパで非常に人気となり，食器で有名なブランドであるマイセンは，日本から輸出された伊万里焼などに刺激されて誕生したとされる。明治時代になると，世界遺産にも登録された富岡製糸工場に代表されるように製糸業が発展し，生糸の輸出が急速に拡大

した。

　とはいえ，日本企業の輸出が最も目覚ましい伸びを見せたのは，戦後の高度成長期である。日本は，1955年にGATTに加入すると，1971年まで維持された1ドル360円の固定相場制度の恩恵もあり，鉄鋼や船舶，さらに電気製品や自動車の輸出を伸ばしていく。日本からの輸出の拡大は，日本経済の復興と成長に大いに貢献したが，米国との貿易摩擦の原因ともなった。特に1980年代になると，日本からの輸出増加に脅威を抱いた米国の**ジャパン・バッシング**（日本たたき）が激しくなり，日本は自動車の輸出自主規制を余儀なくされるなどの辛酸をなめた。

　今日においても，物品の輸出は日本企業にとって最も基本的な海外展開の形である。日本企業の主な輸出品は，依然として，自動車や自動車部品，鉄鋼，半導体電子部品，有機化合物などであるが，最近では，新たな分野においても輸出の拡大を図ろうとする試みが活発化している。たとえば，海外での日本食ブームを利用して，日本の農産物や食料品の輸出を拡大しようとする試みが続けられている。また，「クールジャパン」と称して，日本の文化やライフスタイルと密接に結び付いた物の輸出を拡大しようとする試みもある。漫画やゲーム機の輸出は，その代表的な例といえる。

(2)　海外投資

　日本企業の海外展開は，物品の輸出だけではない。近年特に重要性を増している海外展開の形が，海外投資である。

　海外投資にもさまざまな形があるが，日本企業がはじめて本格的に海外投資を行ったのは，1980年代半ばころからの製造業による海外生産拠点の整備であろう。当時，プラザ合意により急激な円高が進んだうえ，**日米貿易摩擦**が激化し日本からの輸出を抑制するようにとの米国の圧力が高まっていたため，自動車メーカーや電機メーカーは，北米やヨーロッパに生産拠点を整えるようになったのである。日本の製造業の海外生産移転は，景気や為替の変動などにも影響されるが，今日にいたるまで一貫して増加傾向にある。内閣府の調査によると，日本の製造業（上場企業）の現地生産比率（生産高ベース。2017年度実績）

は22.9％となっている。近年では，生産拠点を生産工程ごとに最も適当な国や地域に設ける**国際機能分業**が進んでいるほか（グローバル・サプライ・チェーンとも呼ばれる），海外で生産した物を現地やその周辺国で販売する現地市場獲得型の海外生産移転が増えているとされる。

　製造業の海外投資がもはや当たり前のことになっている一方で，非製造業（サービス業）の海外投資は依然として小規模なものにとどまっている。これは，WTO協定やFTAにおいて，サービス貿易の自由化が物品貿易の自由化よりも遅れていることと無関係ではない（⇒第8章3参照）。しかし，欧米の非製造業はすでに相当程度海外展開に成功しているし，経済における非製造業の重要性が高まっていることを考慮すると，日本の非製造業も手をこまねいているわけにはいかない。実際，最近では日本の非製造業の中にも海外展開を図る企業が増えてきたし，日本政府もそのような動きを後押ししている。

　こうした中で特に注目されるのが，**インフラ輸出**とも呼ばれるインフラ分野における海外展開である。インフラ輸出は，インフラの単なる構成要素・部品を輸出するのみならず，海外におけるインフラの計画から設計，建設，運営，整備にいたるまで継続して日本企業が関与し，いわばインフラのシステム全体を輸出しようとするものである。これまで，鉄道や発電などの分野において，官民を挙げた取り組みが一定の成果を上げている。

　以上のように，日本企業はさまざまな形で海外展開をしているが，その過程においては海外展開を妨げる障壁やリスクに直面している。これについてWTO協定やFTAなどは，海外展開しようとする企業が直面する障壁やリスクを減らすため，さまざまなルールを定めている。また，海外展開を進めていくためには，日本政府からの支援を得ることが不可欠となっている。しかし，日本政府が海外展開を促すために行う支援が，WTO協定やFTAなどのルールによって制限されることもある。

　そこで以下では，日本企業の海外展開にWTO協定やFTAなどがどのように関連するかを説明する。2では，日本企業の物品の輸出に関するWTO協定やFTAなどのルールを，3では，日本企業の海外投資に関するWTO協定やFTAなどのルールを扱うこととする。

2 日本企業の物品輸出と WTO 協定，FTA など

1で概観したように，日本企業はさまざまな物品を輸出しているが，その際にさまざまな障壁に直面している。そのような障壁の中には，WTO 協定やFTA などのルールによって禁止されているものや制限されているものもある。

(1) 日米貿易摩擦

日米貿易摩擦の激化した1980年代には，米国は日本に対して一方的措置を発動したり，輸出自主規制を求めるなどした。こうした措置は，今日では WTO協定に違反するとみなされる可能性がある。

まず**一方的措置**は，外国が不公正な貿易に従事しているとの米国の一方的な認定に基づき発動される，輸入制限などの措置である。1980年代当時，外国の貿易慣行が WTO の前身である GATT のルールに違反していると疑う GATT締約国は，GATT の紛争処理手続に申立てを行い，GATT 紛争処理手続において GATT 違反の有無の認定を求めることが予定されていた。しかし米国は，GATT の紛争処理手続に申し立てる代わりに，**通商法301条**という独自の国内法制度を用いて特に日本に対して一方的に不公正な貿易を認定し輸入制限を行ったため，恣意的に貿易を制限していると批判された。WTO 協定ができるまでは，このような一方的措置は GATT の紛争処理手続の欠点を補っているとして擁護する声もあった。WTO 協定の一部である紛争解決了解（DSU）は，紛争処理手続の欠点を修正するとともに，一方的に制裁を発動することを明示的に禁止した。これを受けて，米国の通商法301条は，米国企業が外国政府による WTO 協定違反についての不服を米国政府に申立てるための制度として，DSU に違反しない形で運用されるようになった（⇒第10章2参照）。しかしトランプ政権下では，中国に対する一方的な制裁として通商法301条が用いられている。

また**輸出自主規制**は，日本からの輸入の急増が米国の雇用を奪っているなど

の懸念を背景に，米国政府からの非公式の要請に基づき，繊維製品，鉄鋼，カラーテレビ，自動車などについて日本企業が自主的に輸出を制限するという形で行われた。本来であれば，外国からの輸入の急増が自国の産業や雇用に損害をもたらしているなどの懸念を有する国は，セーフガード措置を発動することによって輸入を一時的に制限することが予定されている。しかしセーフガード措置は，発動要件が厳しいうえ，原則として無差別原則に沿ってすべての輸入源を対象に発動しなければならないため，使いにくいと敬遠される傾向にある。そこで米国は，セーフガード措置を発動する代わりに，輸出国である日本の企業に輸出の自主規制を求めたのである。しかしこのような輸出自主規制は，セーフガードに関するルールを迂回しつつ実質的にはセーフガードと同様の貿易制限効果を得ようとするものであり，当時から GATT に適合するか疑わしい**灰色措置**として批判されていた。そこでセーフガード協定は，セーフガード措置の代わりに輸出自主規制などを行うことを明示的に禁止した（⇒第6章2(3)参照）。トランプ政権下では，灰色措置の復活が懸念されている。

(2) 今日における問題

WTO 協定や FTA などによって物品貿易の自由化が進み，貿易ルールの整備が進んだ今日においても，以下で説明するように，日本企業が物品を輸出する際に障壁に直面することが少なくない。

① 途上国による措置

途上国は，いまだに鉱工業品に高い関税をかけているし，通関制度の運用が透明性や一貫性を欠くこともある。また，国内規制などの非関税措置によって輸入を制限している途上国も少なくない。たとえばインフラ需要が高まっている東南アジアは，日本の鉄鋼メーカーの輸出先として有望視されているが，タイ，インドネシア，マレーシアなどが一部の鉄鋼製品に強制規格を導入しており，これが事実上の貿易制限となる恐れがある。なかでも TBT 協定上の義務に違反すると疑われる措置については，日本は TBT 委員会で懸念を提起するなどしている（⇒第5章3参照）。

途上国に関連して特に問題となっている点の1つが，アンチダンピングの運

用である。従来日本の鉄鋼メーカーや化学品メーカーなどは，米国やEUのアンチダンピング調査・措置の対象となることが多かったが，近年，中国やインドなどの新興国のアンチダンピング調査・措置の対象となることが多くなっている。新興国のアンチダンピング調査は，透明性を欠くうえ恣意的なダンピングや損害の認定が行われることも少なくなく，WTOのアンチダンピング委員会でたびたび問題となっている（⇒第6章3⑵参照）。たとえば2015年10月には，中国による鉄鋼製品についてのアンチダンピング措置がアンチダンピング協定に違反するとの日本の主張が，WTO紛争処理手続において認められた。

② 先進国による措置

　先進国については，鉱工業品（農産品以外の物品）に関する関税はかなり引き下げられており，関税が貿易障壁となることはそれほど多くない。むろん，米国がトラックに25％の関税をかけているように，引き続き高関税がかけられている産品もないわけではないが，TPP協定や日欧EPAがこうした関税障壁を解消することが期待される。

　先進国向けの輸出においてむしろ問題となるのは，**非関税障壁**である。特に最近では，環境保護や健康保護を目的とした国内法制度が，事実上の貿易障壁として問題となる事例が増えている。たとえば米国は，自動車の国産比率の表示を義務づける自動車ラベリング法を制定しているが，このような制度は消費者に国産比率の高い自動車の購入を促し，日本企業の自動車や自動車部品の輸出を損ねる恐れがある。また，このような制度が正当でない差別や不必要な貿易障害をもたらしているならば，TBT協定に違反しているとみなされる可能性がある（⇒第5章3⑶参照）。

③ 農林水産物や食品の輸出

　ここまで鉱工業品の輸出について説明したが，日本企業による農林水産物や食品の輸出も増加傾向にある。ただ農産物に関しては，農業協定において一定の関税削減が実現されたとはいえ，鉱工業品に比べれば引き続き高い関税が課せられており，FTAなどによるさらなる自由化が期待されている（⇒第7章4およびCOLUMN⑨参照）。また2011年の原発事故後，原発汚染を懸念したいくつかの国が，日本からの農林水産物や食品の輸入を制限する措置を取ってい

る。日本政府は、SPS 委員会の会合などにおいて、原発汚染を理由とする輸入制限の見直しを再三にわたって求めている。2015年5月には、原発事故後に導入された韓国の日本産水産物等輸入規制について、WTO 紛争処理手続において申立てを行った。しかし、2019年4月に出された上級委員会報告では、韓国の規制が必要以上に貿易制限的でかつ不当に差別的であり SPS 協定に違反しているとの日本の主張は認められなかった（⇒第5章2および COLUMN ⑥参照）。

　他方で、農産物の輸出を促そうとする日本政府の措置が WTO 協定や FTA により制限されることもある。というのも政府が企業の輸出を支援すること自体は WTO 協定や FTA によっても禁止されていないが、輸出支援が輸出補助金に相当するとみなされれば、農業協定の規律の対象となる可能性があるためである（⇒第7章3(4)参照）。

3　日本企業の海外投資と WTO 協定，FTA など

　投資については、特に欧米の投資家が投資受入国である途上国の収用や制度変更などによって損害を被ることがしばしば問題となってきた。このような問題に対処するため、FTA や投資協定で投資に関するルールが定められたり、ISDS をはじめとする救済手続が整備されたりしてきた。ただ日本企業については、海外投資において投資受入国の政府の措置によって損害を被ったことが公になったことはそれほど多くない。日本が締結している FTA や投資協定は手厚い投資保護および自由化のルールや投資家対国家の紛争処理（ISDS）を定めているが、あまり使われていないのが現状である（⇒第9章1(3)および第10章3(1)②参照）。

　しかし、本章の1で概観したように、製造業においては日本企業の海外展開が盛んに行われているし、非製造業においても日本企業の海外展開を進める機運が高まりつつある。今後、日本企業の海外投資がさらに拡大するにつれて、投資に関する国際ルールを活用することが必要となろう。

(1) 中国および東南アジアにおける投資

　日本のメーカーの中には，中国や東南アジアに生産拠点を設けるものも多い。しかしこれらの地域においては，自国に投資を行う海外企業に対して一定以上の現地調達を求める**ローカル・コンテント要求**を課したり，外資の比率に制限を設けたりする国があり，日本企業の海外展開を妨げるとして懸念されている。

　たとえば中国は，WTO 加盟の際にローカル・コンテント要求を撤廃することを約束したが，一部の分野においては依然としてローカル・コンテント要求を課している。また中国は，外資による投資を奨励，制限，禁止の3業種に分けており，制限または禁止される業種における日本企業の投資は妨げられている。

　タイは，日本企業の主要な対外投資先の1つであるが，サービス業を中心とする分野において外資規制を設けている。また，米国との条約に基づいて商業登録の際に米国企業を優遇する措置をとっており，米国以外の外国企業は差別的な待遇を受けている。

　このほか，ベトナムやマレーシアでは，さまざまな分野で**国有企業**が優遇を受けており，日本企業を含む外国企業に対して不利な競争環境となっている。このような優遇措置は，外国企業に対する差別的待遇とみなされうるが，GATS や TRIMs 協定などの**内国民待遇義務**は適用されない可能性がある（⇒第8章3(3)，第9章1(2)参照）。また，FTA や投資協定を締結している国との間では，それらの協定に基づく内国民待遇義務が適用されうるが，投資に関する内国民待遇義務は外国企業と国内企業が同様の状況にあると認められる場合の差別的待遇を問題としているところ，外国企業と国内企業が同様の状況にないとみなされることも少なくない。その意味では，現在の WTO 協定や FTA などのルールでは国有企業に対する優遇措置は違反とならないと考えられる。ただ，TPP 協定においては国有企業に対する規律の強化が図られており，TPP協定の下では国有企業に対する優遇は制限されると期待される。

(2) インフラ輸出

　日本が今後インフラ輸出を本格的に行うとなれば，投資に係るさまざまな問

題が生じる可能性がある。

　近年のインフラ事業においては，政府のみならず民間企業も参加するパブリック・プライベート・パートナーシップ（PPP）方式がとられることが多くなっているが，事業に参加する民間企業の選別にあたって一般競争入札が行われることがある。このとき，入札が国内企業に限定されたり，外国企業に不利な待遇が与えられたりすると，日本企業が海外のインフラ事業に従事することが困難になる。このような差別的な待遇は，先進国における入札においても問題となっている。

　たとえば米国は高速鉄道整備を計画しており，日本企業は米国を有望な鉄道インフラ輸出先として関心を示している。しかし米国は，公共事業などにおいて一定程度以上の国産品の購入や使用を政府に義務づけるいわゆる**バイ・アメリカン法**を定めており，米国の鉄道事業における日本企業の参入を難しくしている。この点について，政府調達協定は内国民待遇義務を定めているが，締結している加盟国が少ないうえ，協定の対象となる調達機関や調達額が限られているため，必ずしも有効に機能していない（⇒第9章2(2)参照）。FTAや投資協定の内国民待遇義務が適用される余地もないわけではないが，異なる条件で入札をした外国企業と国内企業が同様の状況にあるとは考えにくく，入札手続における外国企業に対する不利な待遇がFTAや投資協定の内国民待遇義務違反とみなされる可能性はあまり高くない。

　また落札後に問題が生じることもある。他国企業の過去の事例の中には，落札したにもかかわらずその後交渉がもつれ結局事業に参加できなかった例や，落札して契約に至り事業を開始したものの，その後投資受入国の政府の政策が変わり途中で契約を破棄された例もある。特に最近では，事業が開始した後に事業の環境に対する悪影響が判明し，それを受けて投資受入国が環境に関する規制や措置を強化した結果，外国企業が事業を続けられなくなる事例も散見される。このような事例では，仮に，外国企業が事業を続けることについて正当な期待を有しており，かつ投資受入国の措置によってそのような期待が損なわれたとみなされるならば，投資協定に基づく**公正衡平待遇義務**の違反と認定されうる（⇒第9章1(3)参照）。

さらに，ガスや電気といった公共サービスについては，採算をとるためには投資受入国の政府による価格保証が不可欠であるが，そのような価格保証が撤回されたり修正されることで外国企業が損失を被る事例も生じている。

　たとえばアルゼンチンは，経済危機に瀕した際，外国企業に保証していたはずのガス料金や電気料金などを実質的に引き下げたため，料金の保証を前提としてアルゼンチンでガス事業や発電事業に従事していた欧米の企業が，アルゼンチンに対して多数の投資仲裁を申し立てた。これらの仲裁においては，アルゼンチンの措置が公正衡平待遇義務などに違反すると判断され，アルゼンチンは多額の損害賠償責任を負うことになった。

　最近では，スペインにおける再生可能エネルギー事業に関連して，スペインが**固定価格買取制度（FIT）**に基づく高価格での再生可能エネルギー電力の買い取りを約束して外国企業の参入を促したにもかかわらず，電力会社の赤字が膨らみ FIT の抜本的見直しを決めたことが問題となっている。現在，この問題についてはスペインに対して多数の投資仲裁が申し立てられて，審理が行われている。2019年7月末現在，一部の仲裁ではスペインの責任を認める判断が出されている。さらに日本企業も，2015年6月には日揮株式会社が，2016年3月にはユーラスエナジーホールディングスが，2018年7月には伊藤忠商事株式会社が，この問題についての投資仲裁を投資紛争解決国際センター（ICSID）において申し立てている。2019年7月末現在，日本企業が ICSID において仲裁を申し立てたのはこの3件のみである（⇒第10章3(1)②参照）。

〔考えてみよう〕
・WTO 協定や FTA などは，日本企業の海外展開にどのように貢献しているだろうか。
・日本企業が海外展開を進めるうえで，政府はどのような役割を果たすべきだろうか。
・本章で扱った問題とは反対に，外国企業は日本に進出するうえでどのような障壁に直面しているかを考えてみよう。

第 14 章

グローバル経済体制の今後

〈学習のポイント〉
・基本的事項についての理解をふまえて，現行ルールの限界について考えてみる。
・今存在する制度（WTO や TPP11など）がなくかかったらどうなるか，考えてみる。
・本書で触れられていないが報道等で知った応用的な論点について，話し合ってみる。

1 これまで論じてきた枠組みそのものが変化する可能性

　本書は，読者がグローバル経済体制やそれにかかわる国際ルールとしての国際経済法について，読者が全く知らないことを前提とした。その上で，国際経済法の中でも特に貿易と投資に関係する国際ルールがどのような目的と構造をもち，どのように企業活動や市民生活に影響を及ぼすかについて，基本的な枠組みをバランスよく把握できるように促してきた。具体的には，まずは基本的なルールについて第 1 章から第 4 章で確認した。続く第 5 章から第10章では，そうした基本的なルールをふまえつつ個別の分野ごとに設けられている特別ルールがどうなっているかを確認した。その上で，第11章から第13章までで，これまでルールが十分に確立していないような新しい分野について，どのような論点と課題があるのかに光を当てた。このように段階を踏んで検討していくことによって，複雑な構造と詳細な規定をもつ国際経済法の全貌を浮かび上がらせようとしたのである。

　しかしながら，第 1 章でも述べた通り，グローバル経済体制は安定的なもの

ではなく，常にダイナミックに動いている。それゆえ，過去にどうであった
か，現在どうなっているかを知っても，それが変わってしまえば役に立たなく
なってしまいかねない。それゆえ，これからどのようになっていくのかまで目
配りすることが重要となる。そこで，最終章ではグローバル経済体制の今後に
ついて触れることにする。

　といっても，新しい事項については第11章から第13章ですでに取り上げてい
るため，本章では，むしろこれまでの章で扱ってきた内容にかかわりつつ新た
な展開を見せている事項に限定する。こうすることで，これまでの章で記述し
た基本的事項の理解度を確認しつつ，現代的な課題としてどのようなものがあ
るかに光を当てようとするのである。これらについても，異なる立場から激し
い議論が展開されている，正解のない問題として捉えてほしい。そして，自分
であればどのように考えるか，自分と異なる考え方に立つとどのように見える
だろうか，と探ってみてほしい。

2　グローバル経済体制が直面する将来的な課題

(1)　物品貿易とサービス貿易の区別のあいまい化

　これまでの章では，物品貿易とサービス貿易とが明確に区別できるものとし
て論じてきた。しかしながら，常にそうだというわけではない。たとえば，輸
出者がアンチダンピング措置を逃れる目的で国際契約の文言を操作し，物品貿
易ではなくサービス貿易を行っているのだという外観を作り出したことが問題
となったことがある。

　そもそも，アンチダンピング措置は，物品貿易についてのみ発動できる（⇒
第2章2参照）。それゆえ，ある物を正常価額よりも低い値段で外国に輸出して
輸入国の国内産業に損害を与えれば，輸入国政府によってアンチダンピング措
置を発動される恐れがある（⇒第6章3参照）が，サービス貿易の取引価格を理
由としてアンチダンピング措置が発動されることはない。そこで，米国の電力
会社に低濃縮ウランを販売してきたフランスのウラニウム濃縮会社は，こ
の点を利用しようと試みた。具体的には，まずフランスの濃縮会社が濃縮前の

ウラニウムを米国の電力会社に売却する契約を結んだ。そして，ウラニウムは電力会社が保有したままで，それを濃縮会社が預かってフランスで濃縮し，できあがった低濃縮ウラニウムを電力会社に納品するという契約に変えたのである。こうすると，低濃縮ウラニウムをフランスから米国に運ぶという作業は同じでも，少なくとも外観上は，物品輸出ではなくサービス貿易（⇒第8章参照）に変わったということになる。

　もちろん，脱法行為をするために行ったことが明らかであれば話は別だが，もし営利企業の合理的な判断としてそのような契約を締結するに至ったといえるような場合であればどうだろうか。この事案について，米国の最高裁判所は，契約の仕方いかんによって各国のアンチダンピング法が適用できなくなるという不合理な結果が生じるのはおかしいという米国政府の主張を認めた。とはいえ，米国の国内法において，サービス貿易についてアンチダンピング措置を発動できないということに変わりはなく，問題が解消したわけではない。

　アンチダンピング措置は今なお主要な貿易救済措置であり，重要であるがゆえに多くの国際紛争の種となっている（たとえば，「韓国—日本製バルブに対するアンチダンピング措置」事件などがある）。他方で，主要国の国内法ではサービス貿易は適用対象外であるし，WTO などの国際ルールでも，サービス貿易に対してアンチダンピング措置を課すことは想定していない。ここに，大きな不確定要素が残されているといってよい。

(2)　貿易に関するルールと投資に関するルールの調整の可能性

　第9章1で説明したように，投資と貿易は似通った利害関心に基づいて行われるし，現実にも相互補完的になされることが多い。それにもかかわらず，両者についての WTO の規律の射程や強度は大きく異なっている。まず，物品分野において，WTO の規律と比べて TRIMs 協定の規律は弱い（⇒第9章1参照）。また，サービス分野において，TRIMs 協定の規律は及ばず，限定的な形で GATS が規律を設けるにとどまる（⇒第8章2(3)参照）。このようなギャップがあるため，貿易活動への規制（関税や非関税障壁）は緩和されたものの投資活動への規制（外資参入制限など）は強いままだということがあり得る。その結果

として，投資が制限されていることで貿易活動まで阻害されてしまうということが起こりうる。このような，貿易と投資についての国際ルールの格差を是正したり，両者を調和させたりすることは可能だろうか。

　注意すべきなのは，貿易と投資を促進したり抑制したりする各国の政策を規制する国際ルールは，古くから存在したということである。そもそも，国家の境界を超えて人や物が移動するようになったのは1000年以上前からである。そして，近代国家からなる国際社会が形成されていった約300年前からは，国外にいる自国民を本国が保護する権利（外交的保護権）も確立した。さらに，国外にいる自国民を保護したり，その経済活動の自由を保障したりする目的で，二国間条約が設けられることも盛んであった。いわゆる友好通商航海条約である。この中で，貿易自由化や投資保護について規律を設けることが盛んであった。

　周知のように，日本も幕末以降に諸外国と友好通商航海条約（なお，修好通商条約・通商航海条約など，その名称は多岐にわたる）を締結した。初期のいわゆる不平等条約におて関税自主権を失ったことや，日本側のみが最恵国待遇義務を受け入れた（「片務的」）ことなどは，主として締結相手国からの貿易拡大に貢献した。両国私人間の商取引に対して政府が介入できないとしたことは，投資を促進する効果を有した。また，条約改正に伴って内地雑居（外国人の居住地の制限撤廃）を認めたことは，投資を促進させる効果を有した。商業活動の自由を認めたことは，サービス貿易やサービス分野の投資を促進する効果を有した。なお，知的財産権保護について内国民待遇を定めるものもあった（1894年日英通商航海条約などを参照）。

　しかし，1947年GATTが成立し，日本も1955年にこれに加入したため，友好通商航海条約の機能は低下した。そして，GATTが物品貿易のみを対象としていたことから，物品分野での国際的規律がその後に拡充する一方で，サービス貿易や投資についての国際ルールは取り残されることとなった。投資については，2国間の投資協定が多数結ばれたものの，その規律はまちまちであった。1960年代には経済協力開発機構（OECD）が多数国間の投資自由化枠組として「外国人資産保護条約案」の起草に取り組んだものの，挫折した。国連に

よる「多国籍企業行動指針案」策定作業も頓挫した。投資保険などを提供する多数国間投資保証機関（MIGA）はあるものの，投資措置（⇒第9章1(1)参照）の抑制を行なっているわけではない。

　この意味で，規律内容が弱いとはいえ，投資措置を制限することを内容とする唯一の多数国間枠組として，TRIMs協定が設けられたことの意義は大きい。規律の内容が限定的であるのはたしかだが，起草過程において，そして今日でも途上国による警戒感が強いことから見れば（⇒第12章2(3)参照），多くを望むのは酷であろう。また，サービス分野の投資について対象外としているのは，ウルグアイ・ラウンド交渉開始時に物品分野に限るとしたことが尾を引いている。この点についても，サービス分野も含めて交渉しようといっても始まらなかったであろうから，致し方ないところはある。WTO ドーハ・ラウンド交渉でも投資に関するルール改正・拡充が当初追求されたものの，3年で頓挫して放棄された。やはり，個別の FTA や投資協定でもって補完していくというのが現実的であろう。

　なお，投資措置の透明性を高めたり行政手続の簡素化・迅速化を図ることは先進国と途上国の双方の利益に資するという観点から，投資円滑化の可能性について検討する非公式協議が2018年に開始された。ソフトな形で TRIMs 協定の実効性を高める効果が期待される。

(3)　WTO 紛争処理手続における非貿易的関心事項同士の衝突

　WTO は貿易自由化を至高の価値だとしているわけではない（⇒第1章参照）。貿易以外の価値（非貿易的関心事項）との衝突が生じた場合には，一定の条件の下で例外を認めることとしている（⇒第4章参照）。それゆえ，WTO の規定する国際ルールとそれ以外の分野のルールとの間の衝突について，WTO 紛争処理手続において争われることは珍しくない（⇒第10章参照）。

　しかしながら，今日では，「非」貿易関心事項と「非」貿易関心事項との間の衝突が問題となりつつある。つまり，いずれも直接には貿易関心事項ではない2つの価値が，貿易を主として扱う WTO 紛争処理手続において争われるという奇妙な事態も生じつつあるのである。

最近の例として，たとえば，EU が「動物福祉」の観点からアザラシ製品の輸入・販売を禁止したことが問題となった「EU-アザラシ」事件がある。ここで，「動物福祉」という用語はまだ耳慣れないかもしれないが，「動物愛護」の概念が現代的に展開したものだといわれる。具体的には，人間の側で「かわいがる」とか「かわいそうだと思う」かどうかではなく，動物の側に立ってその幸福度を高めることを主眼とする。また，ペット等に限らず，家畜・野生動物・実験動物も含まれる。

　さて，もともと EU は，ファッション業界などで野生動物の毛皮や羽毛などを大量に輸入してきた。しかし，「動物福祉」の観念が普及してきたことを受けて，一部の動物の毛皮などを商品化することへの批判が強まってきた。こうした背景の下，EU はアザラシの毛皮や骨など（これをアザラシ製品と総称する）を輸入したり販売したりすることを原則として禁止することを法制化した。これは，需要側，つまり販売する市場を閉じることで，供給側，つまり毛皮を作るためにアザラシ猟をすること自体を抑止しようとする意図があった。つまり，動物福祉という「非」貿易関心事項に基づいて貿易制限措置がとられた。

　このような EU の措置に対して，伝統的にアザラシ猟が行われており，EU にアザラシ製品を輸出してきたカナダやノルウェーが，WTO 紛争処理手続に提訴した。もちろん，貿易を制限する措置である以上，WTO の数量制限禁止原則（⇒第3章2参照）に違反するかどうかは大きな論点となった。しかし，経済的な利益だけが主要な理由だったわけではない。この紛争が特徴的なのは，EU の措置がカナダやノルウェーの経済的な利益を侵害したかどうかだけではなく，両国の先住民の文化的権利を侵害したかどうかが争点となったからである。

　カナダやノルウェーは，国内の文化的多様性を重視してきた。とりわけ，先住民が狩猟権を持ち，生計を立てるためにアザラシ猟を行ってきており，そのような猟が伝統的文化の一部をなしていた。そのため，カナダやノルウェーによれば，もし EU という大市場へのアザラシ製品の輸出ができなくなればそれらの先住民の狩猟権が損なわれ，伝統的文化まで失われる恐れがあるという。ここに，もう一つの「非」貿易関心事項が提起されたのである。もちろん EU

も外国の先住民権については一定の例外を設けていたが，カナダやノルウェーはその内容が不十分で不公正だと考えた。さらに，この規則が，実はEU内でアザラシ猟を行う者を利するのではないかという疑いも提起された。

このように，本件紛争をめぐる論点は多面的である。まず，①「動物福祉」を目的として貿易制限措置を取ることは適切か。特に，真の狙いが国内産業保護でないかどうかをどのように見分けるか。また，②仮に「動物福祉」が貿易制限を行う正当な理由だとしても，別の価値である「先住民権」保護の要請と衝突する場合，どちらを優先すべきか。さらに，③このように異なる「非」貿易的関心事項が衝突する事案について，WTO紛争処理手続で扱うことがそもそも可能か。なぜなら，分野を限定せずに広く国際法上の問題を扱うことのできる国際司法裁判所などで争われるのであればともかく，WTO紛争処理手続では，WTO協定の解釈適用を行うことしかできないからである。

なお，この事件では最終的にEUの措置をWTO協定違反だと認定されたが，それは先住民狩猟によって生産されたアザラシ製品への例外規定がそれ以外の例外規定と比べて不公平だという技術的な理由によってであった。それゆえ，動物福祉と先住民の権利のどちらが優先するのかについて一般的に判断を下したわけではない。もちろん，「非」貿易関心事項同士の衝突をどう調整するかについて，一般的なルールを示したわけでもない。

いずれにせよ，貿易関心事項でない問題がWTOの場で争われる事態は，今後も起こりうる。それは，WTO紛争処理手続は付託するための基準が低く，提訴された国による同意も要件とされていないため，他の国際的紛争処理手続よりも利用しやすいからである（⇒第10章参照）。

3　グローバル経済のルールについて学ぶことの意義

もちろん，グローバル経済のルールが将来どうなっていくのかを予言することはできない。しかしながら，どのような問題が新しく生じ，注目を集めつつあるのかを示すことはできる。本書で扱ったような課題について学ぶことを通じて，グローバル経済体制とそれに関する国際ルールが今後どのようになるの

かについて，最後にまとめてみよう。

　第1に，グローバル経済体制はダイナミックに動いている。WTOが設立された時点と比べても人，モノ，サービス，カネの動きは拡大を続けている。そして，ヨーロッパ金融危機や米中貿易戦争など，今日でも大きく変動しており，予定された調和に向かって直線的に進むものでもない。その一方で，本書のこれまでの章で見た通り，グローバル経済のルールは，こうした社会・経済の変化を後から追いかけながら，着実に拡大・強化されてきた。これからも，そのように現状を追いかけながら形成されていくことには変わりがないだろう。時代に先んじるような形で，グローバル経済体制の方向を定めるような国際ルールを先回りして設けることができればよいのだが，実際には難しい。

　このように現状の後追いだからといって，こうしたルールが無力だ，と考えるのは早とちりであろう。むしろ逆である。現在の国際ルールは，諸国家やそれにつながる企業やNGOなどの意見をふまえつつ，全体として受け入れ可能な内容として出来上がっている。現時点で100%完全ではないのはもちろんだが，かといって空虚なお題目ではなく，実効性のある決まり事として世界で機能している。この点は看過すべきでない。

　第2に，しかしながら，既存の国際ルールが前提としていた建前や境界が浸食されたり，融合したりすることが考えられる。グローバルなルールと地域的なルールの区別，物品貿易とサービスの貿易についてのルールの区別，貿易と投資についてのルールの区別などは，当初想定されていたほど確固としたものではなくなってきている。

　それゆえ，今あるルールを理解した上で，足りない部分をどのように補うのかを考える必要がある。短期的には，契約をする際に企業間で取り決めるなどの対応が求められるだろうが，より長期的には，既存の条約を改正する交渉をしたり，新たな条約を作ったりすることが求められるだろう。

　第3に，国際ルールについて学ぶことの意義は増すことが予想される。少なくとも，本書を読む前と，読んだ後とでは，貿易や投資にかかわるルールが私たちの市民生活や職業にどのようにかかわっているかについて，気づきやすくなったのではないだろうか。だとすれば，これからもさらに注意を向けて見て

いってほしい。

　貿易に関するルールは，安全保障や環境保護といった問題と密接に関連しながら形成され，機能している。また，食品ラベルや服のタグの表示の仕方のような身近な事柄にも影響を及ぼしている。関連する分野も多様である。もしメーカーに就職すれば，高品質な部品をできるだけ安く輸入したり外国の企業から生産委託を受けたりできるかどうかは，企業の業績に直結するだろう。サービス業に就職した場合でも，今後のサービス貿易のさらなる自由化が，新たなチャンスと競争とを呼び込むことが予想される。また，WTO 政府調達協定は国だけでなく地方公共団体などが行う調達にも適用されるので，公務員になったとしても無関係ではない。

　グローバル化が進むにつれて，さまざまなアクターの間の利害の衝突や紛争は増えることはあっても減ることはなかろう。とすれば，その時点で適用可能な国際ルールを最大限に活用することが重要となる。TPP11や日欧 EPA は日本経済に大きな影響を与えうるが，それで終わりではない。今後，日米貿易協定，RCEP や日中韓 FTA について合意ができれば，さらなる挑戦とチャンスとに直面することになろう。

　本書の全章を通して見れば，グローバル経済体制における国際ルールの機能は，ダイナミックに変化しながらも，より広い分野，より多様な職種においてますます重要なものとなっていくことが分かるだろう。それゆえ，それについて学ぶこともますます重要になるのである。もちろん，ここが到達点なのではない。国際経済法をテーマとして卒業論文を書いたり，大学院に進んで専門的に研究をしたりしようと思えば，さらに高い段階の理解が必要になってくる。初学者向けを想定した本書では省略した事項については，巻末の**国際経済法学習ガイド**に記載された応用的な概説書を参照してほしい。

国際経済法学習ガイド

1　教科書

　本書はあくまでも「入門」である。国際経済法全体を眺めるために，教科書や体系書を通読してみよう。比較的近年のものとして，以下のようなものがある。

☐　中川淳司ほか『国際経済法〔第3版〕』（有斐閣，2019年）

☐　飯野文『WTO・FTA・CPTPP』（弘文堂，2019年）

☐　柳赫秀編著『講義国際経済法』（東信堂，2018年）

☐　松下満雄・米谷三以『国際経済法』（東京大学出版会，2015年）

2　判　　例

　WTOや投資仲裁の判例は英語で書かれているが，初学者には直接原文を読むのは難しいかもしれない。まずは日本語の判例評釈を手がかりとしよう。経済産業研究所（RIETI）とJCAジャーナルは定期的にWTOや投資仲裁の判例を扱うのでチェックしたい。

☐　松下満雄ほか編著『ケースブックWTO法』（有斐閣，2009年）

☐　経済産業省「WTOパネル・上級委員会報告書に関する調査研究報告書」
　　経済産業省のHPから無料で入手可能。
　　https://www.meti.go.jp/policy/trade_policy/wto/ds/panel/panelreport.html

☐　RIETI「WTOパネル・上級委員会報告書解説」
　　RIETIのHPから無料で入手可能（ポリシー・ディスカッション・ペーパー）

☐　JCAジャーナル「投資協定仲裁判断例研究」

3　政府白書

　国際経済法の動向はきわめて早い。最新の情報を知るうえでは，政府が発行する白書を見るのも有益である。

☐　外務省『我が国の経済外交』

☐　経済産業省『通商白書』

☐　経済産業省『不公正貿易報告書』

上記2つの経済産業省刊行の文書はインターネットから無料で入手可能。

4　学会誌

　国際経済法の最新の学問状況を知るには，本よりも雑誌の論文を読んだほうが良い。
以下の雑誌・学会誌などに目を通してみよう。

☐　『日本国際経済法学会年報』
☐　『貿易と関税』
☐　『JCA ジャーナル』
☐　『国際商事法務』
☐　Journal of International Economic Law
☐　Inside U.S. Trade

5　参考書籍・資料

第1章　ラッセル・D・ロバーツ（佐々木潤訳）『寓話で学ぶ経済学——自由貿易はな
　　　　ぜ必要か』日本経済新聞出版社，1999年

第2章　渡邊頼純監修，外務省経済局 EPA 交渉チーム編著『解説 FTA・EPA 交渉』
　　　　日本経済評論社，2007年

第3章　木内登英『トランプ貿易戦争——日本を揺るがす米中衝突』（日本経済新聞出
　　　　版社，2018年）

第4章　ジョセフ・スティグリッツ，アンドリュー・チャールトン（浦田秀次郎監訳，
　　　　高遠裕子訳）『フェアトレード——格差を生まない経済システム』日本経済
　　　　新聞出版社，2007年

第5章　内記香子『WTO 法と国内規制措置』日本評論社，2008年

第6章　津上俊哉『「米中経済戦争」の内実を読み解く』PHP 研究所，2017年

第7章　山下一仁『日本農業は世界に勝てる』日本経済新聞出版社，2015年
　　　　農林水産省・国際部のページ：http://www.maff.go.jp/j/kokusai/index.html

第8章　経済産業省・サービス貿易のページ：http://www.meti.go.jp/policy/trade_poli
　　　　cy/epa/tis/

第9章　経済産業省・投資協定／投資章のページ：http://www.meti.go.jp/policy/trade
　　　　_policy/epa/investment/
　　　　内閣府・政府調達苦情処理体制のページ：http://www5.cao.go.jp/access/japa
　　　　n/chans_main_j.html
　　　　外務省・知的財産権のページ：http://www.mofa.go.jp/mofaj/gaiko/ipr/

第10章　ダニ・ロドリック（岩本正明訳）『貿易戦争の政治経済学——資本主義を再構
　　　　築する』白水社，2019年

第11章　青木健，馬田啓一『グローバリゼーションと日本経済』文眞堂，2010年
第12章　渡辺龍也『フェアトレード学——私たちが創る新経済秩序』新評論，2010年
第13章　ミレヤ・ソリース（浦田秀次郎監修，岡本次郎訳）『貿易国家のジレンマ 日本・アメリカとアジア太平洋秩序の構築』日本経済新聞出版社，2019年
第14章　ケネス・ポメランツ，スティーヴン・トピック（福田邦夫，吉田敦訳）『グローバル経済の誕生——貿易が作り変えたこの世界』筑摩書房，2013年

6　その他

　他の有益なサイトについては，本書の執筆者の1人である福永有夏のページ（http://www.f.waseda.jp/yuka-fukunaga/）からアクセス可能である。

索　引

213

■執筆者紹介

小林　友彦（こばやし・ともひこ）
　　小樽商科大学商学部教授
　　担　当：第1章・第8章・第9章・第14章

飯野　文（いいの・あや）
　　日本大学商学部准教授
　　担　当：第2章・第5章・第11章

小寺　智史（こでら・さとし）
　　西南学院大学法学部教授
　　担　当：第4章・第7章・第12章

福永　有夏（ふくなが・ゆか）
　　早稲田大学社会科学部教授
　　担　当：第3章・第6章・第10章・第13章

Horitsu Bunka Sha

WTO・FTA法入門〔第2版〕
──グローバル経済のルールを学ぶ

2016年2月10日　初　版第1刷発行
2020年3月25日　第2版第1刷発行

著　者　　小林友彦・飯野　　文
　　　　　小寺智史・福永有夏

発行者　　田　靡　純　子

発行所　　株式会社 法律文化社

　　〒603-8053
　　京都市北区上賀茂岩ヶ垣内町71
　　電話 075(791)7131　FAX 075(721)8400
　　https://www.hou-bun.com/

印刷：中村印刷㈱／製本：㈲坂井製本所
装幀：谷本天志

ISBN 978-4-589-04062-6

ⓒ2020　T. Kobayashi, A. Iino, S. Kodera,
Y. Fukunaga Printed in Japan

山形英郎編

国 際 法 入 門 〔第2版〕
―逆から学ぶ―

A5判・428頁・2700円

国際法を初めて学ぶ学生に向けて作られた教科書。集団安全保障や戦争違法化など国際法の具体的制度を叙述した後に国際法の法源・法的性質など抽象的な総論を解説する構成。最新動向をアップデートし，批判的に見る眼も養う。

徳川信治・西村智朗編著

テキストブック 法と国際社会 〔第2版〕

A5判・240頁・2300円

高校での既習事項をふまえながら大学で学ぶ国際法の仕組み・役割をかみ砕いて解説する。授業経験にもとづき本文の表現や説明の仕方を工夫したほか，気候変動に関するパリ協定など，国際社会の新たな動向を反映させた。

松岡 博編［αブックス］

レクチャー国際取引法 〔第2版〕

A5判・312頁・3000円

問題志向型アプローチに基づく設例の具体的叙述と，コラムや図表を通じた親しみやすさを追求した入門書の改訂版。国際ビジネスの実務動向を反映させたほか，新規立法や重要判例にも目配りをして内容をアップデート。

日本国際経済法学会編／村瀬信也編集代表

国 際 経 済 法 講 座 Ⅰ
―通商・投資・競争―

A5判・516頁・6000円

この20年間の国際経済法の主役たるWTOの動態分析を中心に公法秩序の鳥瞰図を示す。存在感を増すFTA，EPA等の地域経済統合，独自の発展を遂げる投資家・国際仲裁制度，国際競争法のグローバルな展開を取り上げる。

日本国際経済法学会編／柏木 昇編集代表

国 際 経 済 法 講 座 Ⅱ
―取引・財産・手続―

A5判・506頁・6000円

グローバル経済が各国政策や企業行動に与えた影響を私法の面から分析する。法の適用に関する通則法や対外国民事裁判権法の成立，日本のCISGへの加入など国際取引法の流れを分析するとともに知的財産法等にも論究。

関根政美・塩原良和・栗田梨津子・藤田智子編著

オーストラリア多文化社会論
―移民・難民・先住民族との共生をめざして―

A5判・318頁・3000円

多文化社会化する日本の今後も見据えながらオーストラリアが採用する政策の理念・経験・影響等を論じる。先住民族と非先住民族といった二項対立・分断を超えた共生社会を作るため政策の見直しも含め検証。

―― 法律文化社 ――

表示価格は本体（税別）価格です